Berliner Type
2006

Impressum

Verlag

Varus Verlag
Konrad-Zuse-Platz 1-3
D-53227 Bonn
Telefon: +49 (0) 228.944 66-0
Telefax: +49 (0) 228.944 66-66
E-Mail: info@varus.com
Internet: www.varus.com

Projektleitung und Gesamtkonzeption
Varus Verlag, Bonn. Birgit Laube

Gestaltung
Matthias Hugo, Grafische Formgebung, Köln

Abbildungen
Daten der Preisträger und Autoren

Druck, Bindung
B.O.S.S Druck und Medien GmbH, Goch

Veredelung
Gräfe Druck & Veredelung, Bielefeld

Der Wettbewerb

Wettbewerb
Berliner Type –
Internationaler Druckschriften-Wettbewerb

Veranstalter
AwardsUnlimited –
Wettbewerbeteam O.E. Bingel
Im Tokayer 15
D-65760 Eschborn
www.awardsunlimited.eu

Ansprechpartner
Tanja Brendel-Wanka
Telefon: +49 (0) 6173.608 606
Telefax: +49 (0) 6173.608 603
type@awardsunlimited.eu

Online-Ausschreibung
www.berliner-type.eu

Bildnachweis

Der Schutzumschlag zeigt Details von im Rahmen der 37. Berliner Type ausgezeichneten Druckschriften. Die jeweiligen Auftraggeber finden Sie in Klammern.

Titelseite:

1.v.r.: Broschüre „CLK DTM AMG Cabriolet"
   (Mercedes-AMG GmbH)
2.v.r.: 150 years of independence – 150 years
   of future: Das Scheufelen Jubiläumsbuch 2005
   (Papierfabrik Scheufelen GmbH + Co. KG)
   © Armin Brosch Fotografie, München
3.v.r.: Greenpeace Magazin 1/06 „Tu was!"
   (Greenpeace Media GmbH) © Dieter Braun
4.v.r.: siehe 1.v.r.
5.v.r.: „215plus/216plus" – Ein Magazin für die besondere Perspektive (Sal. Oppenheim jr. & Cie. KGaA)
6.v.r.: Raindance Royale AIR (Hansgrohe AG)

Rücken:
Denkheft DIKIIDI –
   Josephine Prokop Struktur und Dekoration
   (Josephine Prokop – Corporate Branding)

Rückseite:

1.v.l.: s.o., 2.v.r.: Archiv Scheufelen
2.v.l.: Zeitreisen 2006 (Claus Koch™)
3.v.l.: Jahresbericht 2004 – Evangelische Stiftung
   Alsterdorf; Künstler: Karl-Ulrich Iden,
   vertreten durch die Galerie der Schlumper
4. u. 5. v.l.: Porsche Design Imagebroschüre
   (Porsche Lizenz- und Handelsges. mbH & Co. KG)
6.v.l.: Die Meissen ab 18 Broschüre
   (Staatl. Porzellan-Manufaktur Meissen GmbH)

Hinweis: Aussagen in den redaktionellen Beiträgen geben nicht unbedingt die Meinung des Verlages wieder. Das Werk einschließlich aller seiner Teile ist urheberrechtlich geschützt. Jede Verwertung außerhalb der engen Grenzen des Urheberrechtsgesetzes ist ohne Zustimmung des Verlages unzulässig und strafbar. Dies gilt insbesondere für Vervielfältigungen, Übersetzungen, Mikroverfilmungen und die Einspeicherung und Verarbeitung in elektronischen Systemen.

Alle Rechte vorbehalten. © Varus Verlag 2007

ISBN 10: 3-928475-94-0 / ISBN 13: 978-3-928475-94-5

BERLINER TYPE 2006

Inhalt

4 **Einführung**
Hybride Welten

6 **Trends**
Analysen, Statements, Interviews

48 **Award**
37. Berliner Type –
der Wettbewerb im Überblick:
Statistik, Veranstalter,
Ranking, Gewinner, Jury,
die ausgezeichneten Arbeiten

158 **Anhang**
Nützliche Adressen
und Informationen

164 **Register**

Hybride Welten

Print punktet strategisch

orbei sind die Zeiten, als Online-Verfechter das „Aus" für die Gattung Print prognostizierten. Vielmehr zeigt sich, dass Auftraggeber und Absender von Printkommunikation dieses Medium aktuell zunehmend stärker als in der Vergangenheit strategisch planen und entsprechend ausgestalten.

So bedienen beispielsweise Kundenzeitschriften immer häufiger kleine aber strategisch wichtige Zielgruppen wie CEOs, Gutverdiener, Topverkäufer oder sonstige Gatekeeper. Infolgedessen existieren häufig mehrere Varianten einer Unternehmenspublikation; dabei bereiten „Premium"-Ausgaben ihre Inhalte völlig anders auf als die reguläre Ausgabe. Auflagen werden somit kleiner und die Anzahl der Titel nimmt zu; gleichzeitig steigen der Anspruch an und der getätigte Aufwand für die Gestaltung und Erstellung zielgruppenadäquater Inhalte.

Damit einher gehen Veränderungen in der Ansprache und in der Präsentation. Auch komplexe Publikationen werden immer häufiger individuell adressiert und aufwändiger ausgestattet. Dies ist zum Teil auf technische Innovationen – wie z.B. die Möglichkeit von Inline-Veredelungen – zurückzuführen; eine fast größere Rolle spielt aber das angesichts zunehmend engerer Märkte immer stärkere Ringen um Marktanteile am Point of Sale.

Zugleich ist auftraggeberseitig ein deutlich aktiveres Verständnis von Print als Medium feststellbar – eine Auffassung, die stark mit dem gewandelten Nutzerverständnis zusammenhängt und in dieser Form noch vor wenigen Jahren nur rudimentär existierte. Dies beinhaltet die zunehmend sehr gezielte Vernetzung von verschiedenen medialen Erscheinungs- und Plattformen. Das virale Marketing hat auch bei der Planung der Printmedien Einzug gehalten. Interessant dabei ist, dass Position und Stellenwert von Print offensichtlich nicht zur Diskussion stehen. Print ist vielmehr ein fester Bestandteil im Medienmix und andere mediale Plattformen bauen nach dem digitalen Hype jetzt meist wieder auf Print auf.

Die nachfolgenden Beiträge beleuchten die vorgenannten Entwicklungen aus Sicht der für Marketing und Kommunikation Verantwortlichen. Alle Auftraggeber der Druckbranche müssen wissen, welche Trends für sie und die von ihnen geplanten und umgesetzten Publikationen von Bedeutung sind. Folglich beschäftigen sich zahlreiche Beiträge auch mit Kosten- und Effizienzgesichtspunkten – denn nicht jede vermeintliche Ersparnis ist auch eine, wenn man den entsprechenden Mehraufwand berücksichtigt.

Eingebunden sind diese Beiträge in die Dokumentation der im Rahmen der 37. Berliner Type ausgezeichneten Arbeiten. Der Internationale Druckschriften-Wettbewerb Berliner Type für Deutschland, Österreich und die Schweiz zeichnet seit 36 Jahren herausragende Printkommunikation aus. Seit 2005 berücksichtigt er erstmals auch die Ausrichtung auf B2B und B2C, siehe www.berliner-type.eu.

Das vorliegende Buch präsentiert Ihnen wieder zahlreiche gelungene Beispiele erfolgreicher Printkommunikation und trägt zur Standortbestimmung bei. Viel Freude beim Lesen und der Vermehrung Ihrer Erkenntnisse.

Birgit Laube
Verlegerin
Varus Verlag

BERLINER TYPE 2006

Einführung

8 Kommunikation im Wandel

Trends und neue Optionen für Print

Dieter Ullmann, Bundesverband Druck und Medien (bvdm) e.V.

14 Folien, Flocken, Prägung: Inszenierung ist Trumpf

Neue Optionen am PoS oder Kostenfalle?

Experten-Interview mit
Hans Burkhardt, Buchbinderei, Burkhardt AG (CH)
Frank Denninghoff, Arbeitskreis Prägefoliendruck e. V./Gräfe Druck & Veredelung
Dietmar Dorn, Bamberger Kaliko GmbH
Markus Schär, W. Gassmann AG (CH)
Franz Stein, Sappi Deutschland GmbH
Christian Sundermann, Kirchner Print.Media
Günter Thomas, THOMAS-GRUPPE

30 Technikverliebtheit oder praktischer Nutzen?

Standards erleichtern Kunden die Zusammenarbeit

Verena Woeste, Medienberatung

34 Zwischen Information, Emotion und Produkt

Vertriebs-PR setzt neue Maßstäbe für die Kommunikation

Michael Cremer, CSC Cologne Science Center

38 Corporate Publishing: Blättern ist angesagt

Neue Trends und Optionen für Kunden- und Mitarbeitermagazine

Experten-Interview mit
Richard Lücke, Deutsche Post AG
Frank Ohlsen, PRH Hamburg Kommunikation GmbH
Rainer Burkhardt, KircherBurkhardt GmbH

BERLINER TYPE 2006

Trends

Kommunikation im Wandel

Trends und neue Optionen für Print

E in bedeutender Teil der Informations- und Kommunikationswirtschaft ist die Druckindustrie; entsprechend hoch ist deren Abhängigkeit von wirtschaftlichen und technischen Veränderungen dieses Umfeldes. Wesentliche Einflussfaktoren sind die Informations- und Kommunikationsbedürfnisse, speziell das Leseverhalten der Bevölkerung und das Werbeverhalten der Wirtschaft sowie die Entwicklung der Informations- und Kommunikationstechniken und ihre private und geschäftliche Nutzung.

Der Informations- und Kommunikationssektor bleibt ein wichtiger Wachstumsmarkt. Hier werden die Ausgaben für Information und Kommunikation weltweit zunehmen, und zwar weiterhin kräftiger als die Wirtschaft insgesamt. Dabei werden zwar die Wachstumschancen für digitale Produkte generell positiver eingeschätzt als für gedruckte Erzeugnisse; dennoch werden Druckerzeugnisse durch elektronische Produkte nur partiell substituiert.

Nachfrage nach crossmedialen Produkten steigt

Gleichzeitig wachsen die Synergien zwischen gedruckten und elektronischen Medien. Das Internet stimuliert nämlich vieles an gedruckter Kommunikation, was früher gar nicht existierte. Außerdem verschmelzen die gedruckten Erzeugnisse immer häufiger mit CD-ROMs und Online-Diensten zu medienübergreifenden (crossmedialen) Informationsangeboten.

Steigende Werbeausgaben: Auch für Print positiv

Ein entscheidender Faktor für die Zukunft der Druckindustrie ist die Entwicklung der Werbung, denn fast zwei Drittel ihres Umsatzes hängen von der Werbung ab.

In den vergangenen 15 Jahren nahmen die Werbeausgaben der Wirtschaft jährlich um 3,0 Prozent zu und erreichten 2005 eine Größenordnung von 25,4 Mrd. Euro. Die einzelnen Werbemittel und Werbeträger entwickelten sich dabei sehr unterschiedlich. Aber obwohl die elektronischen und audiovisuellen Medien mit einer jährlichen Wachstumsrate von 6,3 Prozent überdurchschnittlich zulegen konnten, profitierte auch das Druck- und Verlagsgewerbe von den wachsenden Werbeetats.

Die Werbung mit Katalogen, Plakaten und anderen Werbedrucken wuchs von 1990 bis 2005 jährlich um 3,3 Prozent und damit etwas kräftiger als die gesamten Werbeausgaben. Die Werbeerlöse der Verlagserzeugnisse entwickelten sich zwar unterdurchschnittlich (+1,6 Prozent p.a.), blieben aber weiterhin mit einem Anteil von 41 Prozent der umsatzstärkste Werbesektor, gefolgt von dem Sektor der Kataloge, Plakate und anderen Werbedrucke (39 Prozent).

Trotz des hohen Wachstums der elektronischen und audiovisuellen Werbeträger fließen nach wie vor vier Fünftel der Werbeausgaben den Druckmedien zu. Von der dreijährigen Werbeflaute der Jahre 2001 bis 2003 wurden übrigens die elektronischen Medien ebenso stark getroffen wie die meisten Druckmedien.

TRENDS

DIETER ULLMANN
Bundesverband Druck und Medien
(bvdm) e.V., Wiesbaden

Umsätze nach Erzeugnissen/Leistungen der deutschen Druckindustrie

Erzeugnisse/Leistungen	2005 Mio. EUR	Veränderungen gegenüber Vorjahr in %		
		2004	2005	1. – 3. Quartal 2006
Werbedrucke/Kataloge	5.583	+ 0,3	+ 2,1	+ 1,9
davon: Kataloge	1.097	+ 2,2	+ 5,9	+ 2,4
Plakate	397	+ 1,8	– 0,3	+ 3,8
Geschäftsberichte	64	– 5,0	– 1,3	+ 3,6
andere Drucke	4.125	– 0,2	+ 1,4	+ 1,6
Geschäftsdrucksachen	2.049	– 1,6	– 0,8	– 1,4
davon: Wertpapiere	404	– 3,7	+ 6,2	+ 3,7
Tickets, Ausweise	47	+ 8,8	+ 10,8	– 1,5
Endlosformulare	492	– 5,8	– 10,1	– 14,3
andere Geschäftsdrucke	1.106	+ 1,1	+ 0,9	+ 2,6
Zeitschriften	2.020	+ 0,9	+ 1,6	+ 0,2
Zeitungen/Anzeigenblätter	1.835	+ 2,0	+ 1,9	+ 5,3
davon: Tageszeitungen	1.104	+ 1,0	+ 0,4	+ 9,4
Wochen-, Sonntagszeitungen	293	+ 0,8	+ 2,7	– 3,3
Anzeigen-, Annoncenblätter	438	+ 5,7	+ 5,6	+ 0,7
Bücher/kartografische Erzeugnisse	1.060	– 0,6	+ 1,1	+ 0,8
davon: Adress-, Telefonbücher	126	+ 6,2	– 5,6	– 0,4
kartografische Erzeugnisse	37	+ 11,0	– 7,8	– 74,0
andere Bücher	897	– 2,1	+ 2,5	+ 4,4
Bedruckte Etiketten	993	+ 0,4	– 1,3	+ 5,2
Kalender/Karten	156	–17,7	– 5,3	– 9,5
Sonstige Druck-Erzeugnisse	1.741	+ 7,2	+ 3,1	+ 4,3
Summe Druck-Erzeugnisse	**15.537**	**+ 0,7**	**+ 1,3**	**+ 2,0**
Druck- und Medienvorstufe	998	+ 0,3	+ 0,6	+ 10,4
davon: Satz- und Bildherstellung	251	– 6,0	+ 0,7	+ 0,9
Druckformen und Reproduktionen	425	– 2,4	– 3,5	+ 22,2
Digital-Service	180	+ 26,3	+ 11,3	+ 13,9
Gestaltung von Druckprodukten	142	– 2,7	+ 0,9	– 13,7
Druckweiterverarbeitung von Büchern, Zeitschriften, Werbedrucken u.a.	936	+ 2,4	+ 12,4	+ 4,5
Summe andere Leistungen	**1.934**	**+ 1,2**	**+ 6,0**	**+ 7,5**
Summe alle Erzeugnisse/Leistungen	**17.471**	**+ 0,8**	**+ 1,8**	**+ 2,6**

Die Zahlen beziehen sich auf Industrie- und Handwerksbetriebe mit 20 und mehr Beschäftigten
Quelle: Statistisches Bundesamt – Berechnungen: bvdm

TRENDS

DIETER ULLMANN
Bundesverband Druck und Medien
(bvdm) e.V., Wiesbaden

Die Werbewirtschaft wird eine dynamische Branche bleiben; in den nächsten Jahren wird sich das Wachstum nach Einschätzungen von Experten wohl im Rahmen des gesamtwirtschaftlichen Wachstums von 3 bis 4 Prozent pro Jahr bewegen. Fernsehen, Internet und andere elektronische Medien werden voraussichtlich nur leicht an Gewicht zunehmen. Den gedruckten Werbemedien wird auch in den nächsten Jahren Spielraum für ein leichtes Wachstum bleiben.

Zielgruppenadäquanz ist gefragt

Auch im Internet- und Handy-Zeitalter bleibt die gedruckte Botschaft Basis jeglicher Kommunikation. Zumal sich Qualität und Effizienz von Printprodukten ständig verbessern und den Anforderungen der Kunden und des Marktes anpassen. Der steigende Informations- und Kommunikationsbedarf muss immer zielgruppenadäquater befriedigt werden, deshalb steigt der Trend zu individuellen, maßgeschneiderten Druckprodukten.

Kleinere Auflagen, aber wertigere Ausstattung

Die Auflagen werden tendenziell kleiner. Durch kürzere Lieferfristen und ein breites Druck- und Veredelungsrepertoire, das von Lackierungen, Duftstoffen, Oberflächenimitationen, Prägungen bis hin zu Stanzungen und (Sonder-) Falzungen reicht, wird die Attraktivität von papierbasierten Medien erhöht.

Kürzere Produktionszeiten durch Standardisierung

Alle Prozess-Stufen der Druckindustrie unterliegen einem ständigen technischen Fortschritt. Die Anstöße kommen vor allem aus der Elektronik und Mikroelektronik sowie der damit verbundenen Automatisierung. Dies wirkt sich bei Innovationen in Maschinen und Geräte aus, bei der Prozessführung und bei neuen Produkten und Dienstleistungen.

Die stärkste technische Entwicklung findet im Bereich der Druck- und Medienvorstufe statt. Die zunehmende Digitalisierung der Geschäftsprozesse ermöglicht kürzere Produktionszeiten und damit Just-in-Time-Lieferungen. Ganze Prozess-Schritte entfallen. Die Daten können direkt vom Computer auf den Film (Computer-to-film CtF), auf die Druckplatte (Computer-to-plate CtP) oder sogar auf das Papier (Computer-to-paper) übertragen werden.

Die Digitalisierung der Arbeitsabläufe wird weiter voranschreiten, die Prozess-Schritte werden integriert, technische und kaufmännische Workflows werden zunehmend vernetzt.

Technische Innovationen bieten neue Optionen

Offsetdruck und Tiefdruck werden weiterhin die dominierenden Druckverfahren sein. Auch wenn die Drucktechniken weitgehend ausgereift sind, finden ständige Innovationen statt, deren wesentliche Ziele die Verringerung der Auftragsdurchlaufzeiten, die Steigerung der Auflagenqualität und die Erhö-

Umsätze nach Erzeugnissen/Leistungen der deutschen Druckindustrie

Erzeugnisse/Leistungen	2005 Mio. EUR	Veränderungen gegenüber Vorjahr in %		
		2004	2005	1. – 3. Quartal 2006
Werbedrucke/Kataloge	5.583	+ 0,3	+ 2,1	+ 1,9
davon: Kataloge	1.097	+ 2,2	+ 5,9	+ 2,4
Plakate	397	+ 1,8	– 0,3	+ 3,8
Geschäftsberichte	64	– 5,0	– 1,3	+ 3,6
andere Drucke	4.125	– 0,2	+ 1,4	+ 1,6
Geschäftsdrucksachen	2.049	– 1,6	– 0,8	– 1,4
davon: Wertpapiere	404	– 3,7	+ 6,2	+ 3,7
Tickets, Ausweise	47	+ 8,8	+ 10,8	– 1,5
Endlosformulare	492	– 5,8	– 10,1	– 14,3
andere Geschäftsdrucke	1.106	+ 1,1	+ 0,9	+ 2,6
Zeitschriften	2.020	+ 0,9	+ 1,6	+ 0,2
Zeitungen/Anzeigenblätter	1.835	+ 2,0	+ 1,9	+ 5,3
davon: Tageszeitungen	1.104	+ 1,0	+ 0,4	+ 9,4
Wochen-, Sonntagszeitungen	293	+ 0,8	+ 2,7	– 3,3
Anzeigen-, Annoncenblätter	438	+ 5,7	+ 5,6	+ 0,7
Bücher/kartografische Erzeugnisse	1.060	– 0,6	+ 1,1	+ 0,8
davon: Adress-, Telefonbücher	126	+ 6,2	– 5,6	– 0,4
kartografische Erzeugnisse	37	+ 11,0	– 7,8	– 74,0
andere Bücher	897	– 2,1	+ 2,5	+ 4,4
Bedruckte Etiketten	993	+ 0,4	– 1,3	+ 5,2
Kalender/Karten	156	– 17,7	– 5,3	– 9,5
Sonstige Druck-Erzeugnisse	1.741	+ 7,2	+ 3,1	+ 4,3
Summe Druck-Erzeugnisse	**15.537**	**+ 0,7**	**+ 1,3**	**+ 2,0**
Druck- und Medienvorstufe	998	+ 0,3	+ 0,6	+ 10,4
davon: Satz- und Bildherstellung	251	– 6,0	+ 0,7	+ 0,9
Druckformen und Reproduktionen	425	– 2,4	– 3,5	+ 22,2
Digital-Service	180	+ 26,3	+ 11,3	+ 13,9
Gestaltung von Druckprodukten	142	– 2,7	+ 0,9	– 13,7
Druckweiterverarbeitung von Büchern, Zeitschriften, Werbedrucken u.a.	936	+ 2,4	+ 12,4	+ 4,5
Summe andere Leistungen	**1.934**	**+ 1,2**	**+ 6,0**	**+ 7,5**
Summe alle Erzeugnisse/Leistungen	**17.471**	**+ 0,8**	**+ 1,8**	**+ 2,6**

Die Zahlen beziehen sich auf Industrie- und Handwerksbetriebe mit 20 und mehr Beschäftigten
Quelle: Statistisches Bundesamt – Berechnungen: bvdm

TRENDS

hung des Mehrwertes von Druck-Erzeugnissen sind. Die Rüstzeiten werden durch einen höheren Automatisierungsgrad verkürzt, die Maschinen werden größer und laufen schneller. Die Elektronik steuert und regelt die Druckprozesse und sorgt für eine höhere Qualitäts- und Produktionssicherheit. Veredelungstechnologien werden zunehmend in die Druckmaschine integriert und können so inline – ohne Unterbrechung des Druckvorgangs – durchgeführt werden.

Die Modernisierung hört nicht beim Druck auf. Ständige Produkt- und Prozessinnovationen finden auch nach dem eigentlichen Druckprozess statt, in der Druckweiterverarbeitung, beim Versand etc. Als Beispiel gelten Mailings, die in unzähligen Varianten mit Etiketten, Werbegeschenken, Cards ausgestattet werden und deren Personalisierung oftmals direkt hinter dem Druckvorgang stattfindet.

Das stärkste Entwicklungspotenzial weist der Digitaldruck auf. Die Vorteile des Digitaldrucks liegen weniger im Druck höherer Auflagen, sondern in erster Linie bei neuen Produktionsmöglichkeiten wie der Personalisierung und Individualisierung von Druckprodukten, dem Printing-on-Demand, dem Web to Print (Beispiel: Fotobücher) und dem elektronischen Zusammentragen.

Kundenorientierung

Die Branche versteht sich schon lange nicht mehr nur als Druck-Dienstleister, auch wenn Print ihr Kerngeschäft bleibt. Viele Vorstufenbetriebe und Druckereien mit integrierter Vorstufe haben bereits in den vergangenen Jahren ihr Angebot an digitalen Produkten und Dienstleistungen ständig ausgebaut und die Druckvorstufe zur Vorstufe für Print- und Nonprint-Medien entwickelt. Neben der klassischen Text- und Bildbearbeitung, der Text-Bild-Integration, der Datenkonvertierung und Belichtung bieten die Unternehmen oftmals ein breites Spektrum von erweiterten Dienstleistungen an und folgen damit den Kundenwünschen nach umfassendem Service. Es reicht vom Grafik- und Gestaltungsservice über die Aufbereitung und Verwaltung von Bild- und Textinformationen auf Datenbanken, dem Doku-

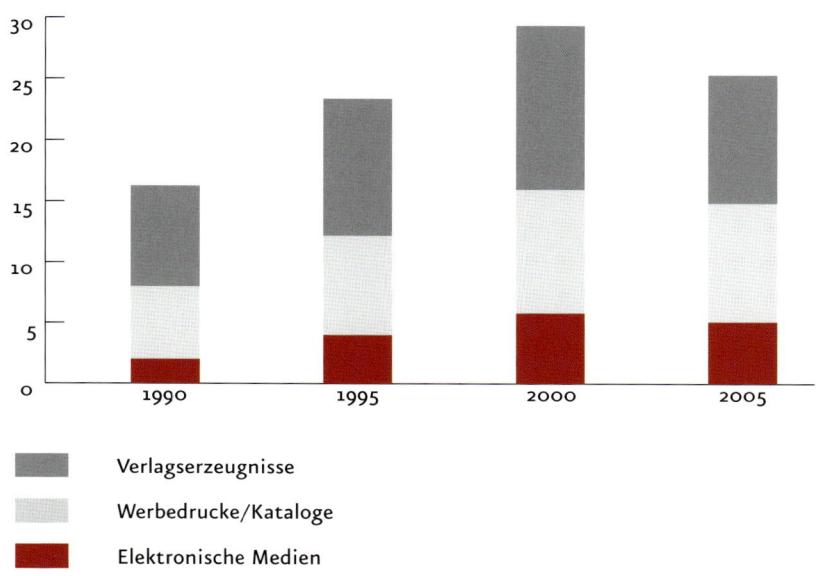

Werbeeinnahmen der Werbeträger in Mrd. Euro

- Verlagserzeugnisse
- Werbedrucke/Kataloge
- Elektronische Medien

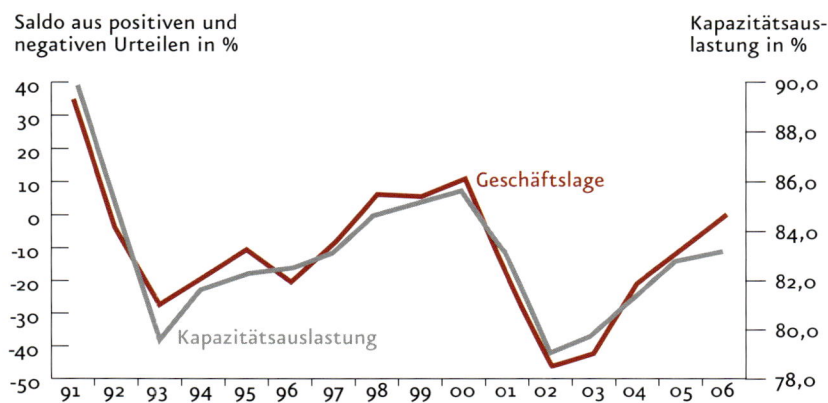

Geschäftslage und Kapazitätsauslastung in der Druckindustrie

Die deutsche Druckindustrie in Zahlen

	2006*	Veränderungen gegenüber Vorjahr in %		
		2004	2005	2006
Umsatz in Mrd. Euro	17,5	+ 0,7	+ 3,5	+ 2,2
davon Auslandsumsatz	2,5	+ 2,5	+ 3,8	+ 7,0
Betriebe mit 20 u.m. Beschäftigten	1.642	– 4,8	– 3,5	– 2,7
Beschäftigte	114.417	– 4,5	– 2,3	– 1,6
Umsatz je Beschäftigten in Euro	152.882	+ 5,4	+ 6,0	+ 3,9
Produktionsindex (2000=100)	97,2	+ 2,7	+ 4,3	+ 3,4
Erzeugerpreise (2000=100)				
Druckerei-Erzeugnisse	96,6	– 1,6	– 1,8	– 0,4
Druckpapier	97,8	– 5,0	+ 1,7	+ 2,4

* vorläufig
Die Zahlen beziehen sich auf Industrie- und Handwerksbetriebe mit 20 und mehr Beschäftigten.
Quelle: Statistisches Bundesamt – Berechnungen: bvdm

Investitionen der deutschen Druckindustrie

Jahr	in Mio. Euro	je Beschäftigten in Euro	in % vom Umsatz
1997	930	7.034	6,3
1998	1.108	8.597	7,3
1999	1.113	8.625	7,0
2000	1.164	8.964	6,9
2001	1.060	8.351	6,6
2002	860	6.929	5,4
2003	668	5.868	4,5
2004	756	6.680	4,8
2005	809	7.190	4,9

Druckindustrie – eine mittelständische Branche

Betriebe mit ... bis ... Beschäftigten	Betriebe 2005		Beschäftigte 2005	
	Anzahl	%	Anzahl	%
1 bis 9	8.169	70,9	25.965	14,5
10 bis 19	1.494	13	20.379	11,4
20 bis 49	1.166	10,1	35.137	19,6
50 bis 99	405	3,5	27.264	15,2
100 bis 499	262	2,2	50.725	28,3
500 bis 999	21	0,2	14.035	7,8
1000 und mehr	4	0,1	5.756	3,2
Gesamt	11.521	100	179.261	100

mentenmanagement bis hin zu Online-Diensten und -produkten, Datenlogistik und Abwicklung von Publishing-Aufträgen.

Breite Vorstufen- und Medienkompetenz in Beratung und Abwicklung wird zum Erfolgsfaktor von Unternehmen der Druckindustrie – unabhängig von ihrer Größe.

Erholungskurs

Das Druckgewerbe ist eine von Klein- und Mittelbetrieben geprägte Branche. Nach der Umsatzsteuerstatistik, die alle Unternehmen ab einem steuerpflichtigen Umsatz von 17.500 Euro erfasst, erzielten 2004 allein 89 Prozent aller 15.481 Unternehmen weniger als 2 Mio. Euro Umsatz. Nur 116 Unternehmen verbuchten mehr als 25 Mio. Jahresumsatz; sie haben jedoch einen Marktanteil von 37 Prozent. Und 83,9 Prozent aller 11.521 Betriebe (Stand: 30. Juni 2005), die mindestens einen sozialversicherungspflichtigen Arbeitnehmer haben, beschäftigen nach Angaben der Bundesagentur für Arbeit weniger als 20 Personen. Mehr als ein Viertel aller Druckereien ist in die Handwerksrolle eingetragen.

Nach mehreren schwierigen Jahren, die durch Konjunkturschwäche und Werbeflaute geprägt waren, blickt die Druckindustrie seit 2004 wieder zuversichtlicher in die nahe Zukunft. 2004 konnte die Branche ihre Umsätze um 0,7 Prozent steigern, 2005 um 3,5 Prozent und 2006 um etwa 2 Prozent. Die Impulse für das moderate Wachstum kamen von der verbesserten Konjunktur der deutschen Volkswirtschaft sowie speziell von dem zunehmenden Geschäft der Verlage, der höheren Nachfrage aus der Industrie und den steigenden Werbeausgaben der Wirtschaft.

Der in den Jahre 2002 bis 2004 recht kräftige Personalabbau hat sich zuletzt merklich abgeschwächt. Nach dem mehrjährigen Rückgang scheint nunmehr bei den Beschäftigten offenbar die Talsohle erreicht zu sein. Die Zahl der Insolvenzen hat ebenfalls abgenommen.

Die Investitionstätigkeit der Druckindustrie hat sich ab 2004 – nach dem massiven Rückgang in den Jahren 2001 bis 2003 – wieder belebt. Die Wende im Investitionsgeschehen wurde durch die verbesserte Ertragslage und den vielfach aufgestauten Investitionsbedarf ausgelöst.

Dennoch besteht noch kein Grund zum Jubel; bis angesichts der vielerorts erforderlichen Marktanpassung eine Erholung auf breiter Front stattgefunden hat, wird noch einige Zeit vergehen.

Aufgrund ihrer hohen Einbindung in nahezu alle wirtschaftlichen Vorgänge wird die Druckindustrie zwar weiterhin an der positiven Entwicklung der Gesamtwirtschaft teilhaben. Mittel- bis langfristig rechnet die Druckindustrie mit einem jährlichen realen Wachstum um etwa 2 Prozent. Dabei werden die Dienstleistungen rund um den Druck voraussichtlich stärker wachsen als die reine Druckproduktion, für die +1 bis 2 Prozent vorausgesagt wird. Allerdings wird der internationale Wettbewerb für viele mittlere und große Betriebe zunehmen, nicht zuletzt durch die EU-Osterweiterung – und damit auch Kunden entsprechende Potenziale bescheren.

Folien, Flocken, Prägung: Inszenierung ist Trumpf

Neue Optionen am PoS oder Kostenfalle?

W ir leben in einer veredelten Welt: Aus jedem Zeitschriften-, DVD- und Kosmetik-Regal lachen dem Betrachter heute aufwändige Veredelungen und Verarbeitungsformen entgegen, die in dieser Form noch vor wenigen Jahren nur ausgesuchtem Publikum zu meist hohen Preisen zugänglich waren.

Herr Denninghoff: Ihr Unternehmen hat seinerzeit den Arbeitskreis Prägefoliendruck mitgegründet. Hätten Sie damals daran gedacht, dass Veredelung im Allgemeinen und Prägefoliendruck im Besonderen jemals einen solchen Boom erfahren würde?

FRANK DENNINGHOFF: Tendenziell schon, in diesem Umfang sicherlich nicht. Seinerzeit – im Jahr 1973 – fanden sich einige Pioniere zusammen mit dem Ziel, ein neues faszinierendes Verfahren „Prägefoliendruck" weiterzuentwickeln und am Markt zu etablieren. Hierzu galt es Gestalter, Agenturen und Markenartikler von den Vorzügen und Besonderheiten der „Druckfarbe X" zu überzeugen und die wirtschaftliche Basis zu verbreitern. Die ersten größeren Marktsegmente waren sicherlich der Verpackungs- und Etikettenbereich, dazu in der weiteren Anwendung auch der Buch- und Medienbereich, bis hin in die verschiedensten Akzidenzsegmente.

Worauf führen Sie diese Entwicklung zurück?

FRANK DENNINGHOFF: Den angesprochenen Boom kann man rückblickend eigentlich mehr als eine kontinuierlich gewachsene Entwicklung – hin zur Veredelung – beschreiben; diese wurde in den letzten Jahren durch innovative Entwicklungen beschleunigt. Neue Produktsegmente und Großprojekte wurden hierdurch überhaupt erst wirtschaftlich und zeitnah möglich.

Veränderte Marktbedingungen durch Sättigungstendenzen, Polarisierung in Premium und Discount, Informationsüberflutung und wachsende Notwendigkeit der Präsentation am POS machten ein stärkeres Werben um Aufmerksamkeit und Kampf um die Käufergunst notwendig. Veredelung wurde deshalb von den Markenartiklern verstärkt aufgegriffen, um ihrer Marke den richtigen Auftritt zu verschaffen und sich so in vergleichbaren Marktsegmenten zu positionieren und abzuheben. Ferner machte das veränderte Kaufverhalten – von der reinen Bedarfsdeckung hin zum Kauferlebnis/Erlebniskauf – den Einsatz von faszinierenden Veredelungsverfahren unverzichtbar.

Inwieweit haben der Arbeitskreis und seine Tätigkeit das Bewusstsein für den Einsatz dieser Verfahren gefördert?

FRANK DENNINGHOFF: Bis vor ca. zehn Jahren lag der Themenschwerpunkt des Arbeitskreises in der Vermittlung gestalterischer und technischer Aspekte. Nachdem Veredelungsverfahren fester Bestandteil in der grafischen Industrie waren, änderte sich die Ausrichtung auf die Ansprache aller Sinne, auf Faszination und Emotionalität. Sinnigerweise entstand unser derzeitiger Slogan „Look + Feel" anlässlich eines Beitrages für eine der vorhergehenden Dokumentationen zur „Berliner Type" ... Seitdem findet die zusätzliche Dimension der „Kommunikation durch Greifen und Begreifen" Eingang in Informa-

TRENDS

HANS BURKHARDT
Vorstand
Buchbinderei Burkhardt AG,
Mönchaltorf (CH)

FRANK DENNINGHOFF
Vorsitzender
AK Prägefoliendruck e. V./
Gf. Gesellschafter Gräfe Druck
& Veredelung, Bielefeld

DIETMAR DORN
Marketing
Bamberger Kaliko GmbH,
Bamberg

MARKUS SCHÄR
Gesamtleiter Akzidenz
W. Gassmann AG, Biel (CH)

FRANZ STEIN
Leiter Verkaufsförderung
Sappi Deutschland GmbH,
Hannover

CHRISTIAN SUNDERMANN
Marketingleiter
Kirchner Print.Media,
Kirchlengern

GÜNTER THOMAS
Gf. Gesellschafter und
Gründer THOMAS-GRUPPE,
Gelsenkirchen

tionsveranstaltungen, Fachbeiträge und Musterbücher zum Sehen und Fühlen.

Papier als höchst ausdrucksstarkes und haptisches Element hat also seinen Wert verloren?

FRANZ STEIN: Im Gegenteil. Papier ist und entwickelt sich künftig meiner Meinung nach zu einem noch stärker werdenden Medium für hochwertige Druckerzeugnisse. Unabhängig davon werden zukünftig auch die Anforderungen an das Papier noch weiter steigen, nicht nur bedingt durch neue Veredlungsverfahren. Das Papier gerät mehr und mehr in den Fokus der Designer und bekommt hierdurch einen höheren Stellenwert in der Gestaltung von herausragenden Druckerzeugnissen.

Wurde der Anstieg von Anwendungen mit Veredelung für Verpackungen, Etiketten und Covers durch aus den USA herüberschwappende Entwicklungen unterstützt? Nach welchem Motto arbeitet die Veredelungsindustrie: „Je glänzender desto wirksamer" oder „In der Dosierung liegt die Kunst"?

FRANK DENNINGHOFF: Ein Überschwappen von Trends aus Amerika kann man ggf. im Buchbereich erkennen, wo alle Veredelungsformen schon seit vielen Jahren und in großem Umfang Anwendung finden. Am deutschen Markt hat sich jedoch – vielleicht aufgrund anderer Mentalität und Wertschätzung des Buches – eine reduziertere und zurückhaltendere Veredelungsform durchgesetzt.

Getreu dem Motto „Mehr Sein als Schein", sind grafische Produkte als „Verpackung allgemein" ein Versprechen der Marke, die dem Kunden signalisieren sollen, dass Inhalt und Verpackung stimmig zueinander sind. Sie schaffen eine eigene Erlebniswelt, die über den reinen Produktnutzen hinausgeht: Stimmig veredelte Produkte sprechen mehrere Sinne an, wecken Emotionen und sind daher begehrter. Der Konsument ist es sich wert, fühlt sich angesprochen und konsumiert mit Genuss.

Inwieweit können Trägermaterialien – insbesondere Papier – dies unterstützen? Sind sie eher „dienend" oder eigenständig zu bewerten? Inwieweit lösen Folien das Papier ab?

FRANZ STEIN: Papier und Karton sind für einen Großteil der Anwendungen Basis für eine entsprechende Veredelung. Deshalb kann man sagen, dass es dienend ist. Auf jeden Fall ist es „eigenständig", da es in der Lage ist, aufgrund seiner Eigenschaften entsprechende Emotionen zu vermitteln.

Es wird immer Bereiche geben, in denen substituierende Produkte – also andere Materialien als Papier und Karton – aufgrund technologischer Entwicklungen zum Einsatz kommen, zum Beispiel bei Verpackungen und Etiketten. Man kann jedoch nicht davon ausgehen, dass Folien künftig Papier und Karton als Basisträger für grafische Anwendungen ablösen werden.

Herr Sundermann, hat der aktuelle „Effektboom" seine Ursache nicht schlicht darin, dass zu viele neu angeschaffte Spezialmaschinen im Markt sind und Auslastung brauchen? Wie sonst erklärt sich die zunehmende Zahl schlecht gemachter, mit Effekten fast zirkusreif überladener Titel?

CHRISTIAN SUNDERMANN: Die Perfektionierung der Effekte wäre ohne die neuen Techniken erst gar nicht realisierbar. Doch die beste Technik an den Hightech-Maschinen nützt nichts ohne qualifizierte Mitarbeiter, die sich wissbegierig mit den ständig wechselnden Aufgaben auseinander setzen.

Selbst wenn diese beiden Faktoren völlig im Einklang sind, kann es zu den von Ihnen angesprochenen schlechten und überladenen Effekten kommen. Nämlich dann, wenn die Ästhetik den Verlockungen der technischen Variantenvielfalt unterliegt. Bei der Auswahl der richtigen Dosis kommt den Agenturen und Grafikern also eine ganz besondere Verantwortung zu. Das ist wie bei einer teuren, komplexen Digitalkamera: Auch wenn Sie alle Funktionen verstanden haben, kommt es letztlich immer noch darauf an, das Motiv richtig zu inszenieren.

Herr Schär, Sie drucken u.a. hochwertige Uhrenkataloge. Sind derartige Veredelungen für hochauflagige Werbeträger überhaupt interessant? Verlangen Kunden eher die „Inline"-Produktion oder werden aufwändig veredelte Umschläge in der Regel zugeliefert? Gibt es Empfehlungen oder Faustregeln für die Handhabung?

MARKUS SCHÄR: Ich möchte die Beantwortung der Frage aus Kundensicht angehen: Die Werbeträger sollten meines Erachtens ‚kongruent' mit dem Image der Produkte sein. Für edle Erzeugnisse wie Schmuck und Uhren bieten sich daher hochwertige Druckprodukte nachgerade an; wobei der gezielte und selektive Einsatz von Veredlungen am wirkungsvollsten ist. Der Erfolg unserer Kunden ist Voraussetzung, dass auch wir erfolgreich sind; deshalb unsere konsequente Ausrichtung des Geschäftsfeldes Druck auf dieses Segment, in dem wir uns über Jahre das nötige Know-how, die Kundenbeziehungen und die Erfahrungen aufgebaut und erarbeitet haben.

Die ‚Inline'-Produktion wird im Regelfall bevorzugt. Hierfür gibt es vor allem zwei Gründe: Erstens die Qualität – hochwertige Druckerzeugnisse entstehen nicht erst in der Druckmaschine. Vielmehr sind auch die vorgelagerten Prozesse mindestens ebenso entscheidend – ich denke dabei an die Datenaufbereitung oder Anpassung sowie die Kundenberatung. Die Beherrschung der ganzen Prozesskette gehört daher zu unserer Kernkompetenz. Zweitens sind es oft auch Termingründe, die für Inline sprechen.

Aber hat denn Qualität auf Kundenseite tatsächlich diese hohe Bedeutung? Oder ist dies eher ein Lockargument der Druckmaschinenindustrie, um möglichst viele Drucker zu kostenträchtigen Neuanschaffungen zu bewegen? Als beispielsweise vor einigen Jahren flächendeckend in Fünf- oder Achtfarbmaschinen investiert und viele Zweifarbmaschinen als „veraltet" verschrottet wurden, hat sich das Preisniveau für Produkte im B2C-Bereich durchweg verschlechtert ...

MARKUS SCHÄR: Die Druckbetriebe müssen sich entscheiden, auf welchem ‚Feld' sie spielen wollen; sprich, welche Kunden und Märkte sie bearbeiten. Qualität kann nicht auf die Frage der Farbigkeit einer Drucksache reduziert werden. Qualität beinhaltet ebenso Beratung, Service, Sicherheit, Flexibilität usw. Natürlich messen die Kunden die Lieferanten immer an den Besten – in einem ‚reifen' Markt sowieso. Derjenige, der innovativ ist, Produktivitätsvorteile hat und sich den Marktentwicklungen stellt, hat sicher die besten Karten.

GÜNTER THOMAS: Qualität ist Phantasie und Phantasie ist geil! Heute ist um ein Vielfaches mehr zu tun, um von Zielgruppen wahrgenommen zu werden. Untreue der Verbraucher und Vermassung der Marken erfordern permanent ein neues Feuerwerk auf allen Kanälen der Kommunikation.

Das hat natürlich seinen Preis. Aber, Herr Stein: Man kann ja immer noch beim Papier sparen, nicht wahr?

FRANZ STEIN: Alles hat seinen Preis – und Papier hat aus meiner Sicht im Gesamtprozess eines Druckobjektes den geringsten. Gleichzeitig hängt vom Medium Papier das Meiste ab. Es ist das Papier, das am Ende das Design abbildet, und es ist das Papier, das die Leser, Kunden etc. in ihren Händen halten. Bei der Entwicklung eines Druckobjektes müssen alle Parameter stimmen, um ein hochwertiges Erzeugnis zu erhalten. Sicher kann man bei den einzelnen Komponenten Papier, Design, Kreation oder den eingesetzten Farben, Pigmenten etc. sparen; aber Qualität hat immer ihren Preis, und Qualität ist es, was wir präsentieren wollen.

Nachfrage: Offensichtlich besteht ein weit verbreitetes Vorurteil darüber, welchen Anteil die Papierkosten im Rahmen einer Produktion ausmachen? Gibt es hierzu Zahlen? Worauf sollten Kunden bei den Verhandlungen achten?

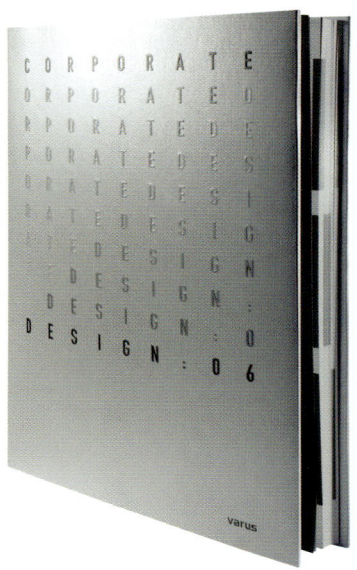

Corporate Design 2006:
Neue Optionen für Auftraggeber und Agenturen

Trends, Analysen, Beispiele, Adressen und Referenzen für erfolgreiches CD, CI und Branding

Corporate Design – richtig verstanden und angewendet – schafft Erscheinungsbilder, die Werte und inhaltliche Bedeutung der ihnen zugrunde liegenden Identitäten verdeutlichen. Produkte, Marken und Unternehmen können sich auf diese Weise nachhaltige Vorteile im Wettbewerb sichern.

Heutzutage sind sich die Auftritte vieler Unternehmen aber sehr ähnlich. Profilierungspotenziale greifen deshalb nicht; infolgedessen empfinden zahlreiche Auftraggeber Investitionen in Corporate Design als nicht oder nur wenig nutzbringend.

Die Neuerscheinung „Corporate Design 2006" will dem gegensteuern: Das hochwertig aufgemachte Kompetenz-Kompendium ist als Arbeitshilfe und repräsentatives Nachschlagewerk mit hohem Praxisnutzen konzipiert. Es richtet sich an Unternehmen (insbes. die Abteilungen Corporate Communications, Marketing und Geschäftsleitung), an Verbände und Institutionen sowie an Agenturen, die im Bereich CD, CI und Branding tätig sind.

Das Buch bietet einen Überblick über aktuelles deutschsprachiges Corporate Design sowie international gültige Lösungsansätze für die erfolgreiche Gestaltung von Identitäten für Unternehmen. Es dokumentiert zudem die beim „9. Internationalen Corporate Design Preis" und beim „XIV. MfG Award" ausgezeichneten Arbeiten und unterstützt Auftraggeber (durch Agenturprofile und eine umfangreiche Adressliste von auf CD, CI und Branding spezialisierten Agenturen aus Deutschland, Österreich und der Schweiz) bei der Suche nach geeigneten und kompetenten Partnern für entsprechende Aufgaben.

Corporate Design 2006
Perspektiven – Auszeichnungen – Profile

Hardcover mit Schutzumschlag; 24 x 32 cm; 248 Seiten;
ISBN 3-928475-92-4; 55,00 € (Mitgl. 50,00 €) inkl. MwSt.

Varus Verlag, Konrad-Zuse-Platz 1-3, D-53227 Bonn,
Tel. 0228/944 66-0, Fax 0228/ 944 66-66, E-Mail info@varus.com

Details zum Buch unter www.varus.com

Details zum Wettbewerb unter www.corporate-design-preis.eu

FRANZ STEIN: Der Anteil der Papierkosten an einem Druckerzeugnis lässt sich aus unserer Sicht schwer darstellen. Bei den Gesamtkosten liegt – je nach Materialeinsatz, Veredelungsform und Auflagenhöhe – der Papieranteil bei 5 bis 50 Prozent. Die Druckereien wären hier eigentlich der bessere Ansprechpartner für konkrete Zahlen, da es – wie gesagt – stark auf die Ausstattung im Einzelfall ankommt.

Gibt es auch im Papierbereich eine Verschiebung auf Kundenseite zu hochwertigen Qualitäten oder ist dieser Trend bereits wieder rückläufig? Wo geht der Bedarf hin bzw. welche Anwendungsbereiche werden Ihrer Ansicht nach künftig an Bedeutung gewinnen?

FRANZ STEIN: Papier wird immer häufiger in das gesamte Konzept eines Druckerzeugnisses mit einbezogen. Immer stärker erfolgt eine Segmentierung nach Zielgruppen, für welche hochwertige Papiere eingesetzt werden. Bei uns erfolgt eine automatische Zuordnung der Informationen, die wir täglich erhalten, nach Produkten, welche sich von der Masse durch aufwändige Gestaltung und Veredelung abheben. Die Segmentierung eines Anwendungsbereiches zeichnet sich hier jedoch nicht ab.

Herr Sundermann, manche Weltneuheiten – so beispielsweise im Bereich der UV-Technologie, in die auch Ihr Haus im letzten Jahr investiert hat – sind zwar erst seit dem letzten Jahr auf dem Markt; Ihr Unternehmen ist aber doch schon mehr als 25 Jahre tätig. Was hat sich verändert?

CHRISTIAN SUNDERMANN: Als das Druckhaus Kirchner damals den klassischen Offset-Druck um den UV-Offset erweiterte, stand zunächst der praktische Nutzen im Vordergrund: Die Bedruckung von Folien und nicht saugenden Materialien war bis dato dem Siebdrucker vorbehalten. Die damit verbundenen Einschränkungen in Punkto Bildqualität und Schnelligkeit sind bekannt.

Mit dem UV-Offset war es erstmals möglich, in einer wesentlich höheren Raster-Auflösung auf diesen Materialien zu drucken – in hohen Auflagen und Geschwindigkeiten. Das war revolutionär. Vor 25 Jahren galt es, das Basisgeschäft in den Griff zu bekommen – heute erarbeiten wir mit unseren Kunden gemeinsam die Kür.

Herr Thomas, wie sehen Sie das? Ihr Unternehmen – ursprünglich im Bereich Packaging angesiedelt – zählt heute zu einem der führenden Anbieter im Bereich Folienveredelung und UV-Druck. Gibt es „Epochen" der optischen Präsentation – und wenn ja, welche?

GÜNTER THOMAS: Wir sind mit unserem Produkt zu mehr als zwei Dritteln eher international als national verbreitet. Wir richten uns nicht nach Epochen, sondern nach Werten der jeweiligen Bevölkerungsstruktur – in Farbe und Form, und das zeitnah. Die Karibik hat andere „Epochen" als China, Mode

TRENDS

in Rom sieht anders aus als in Oslo. Beginnend bei der Inszenierung der Produkte für den Konsumenten.

Sie haben sich bereits Ende der sechziger Jahre dem Ziel verschrieben, Papier „lebendig" zu machen. Geht es auch heute noch nur darum, herkömmlich gedruckter Kommunikation durch Druckveredelung ein anderes Erscheinungsbild zu verleihen?

GÜNTER THOMAS: Nein, das Druckerzeugnis der Zukunft muss viel stärker als bisher eine neue Dimension in der Dramaturgie bekommen. Jeder Berührungspunkt zwischen Druckprodukt und Verbraucher muss permanent neu optimiert werden. Wir gehen tief ins System, zielen auf den Kopf und versuchen, die Brieftasche zu treffen.

Herr Sundermann, welche praktischen Vorteile bieten denn der Einsatz von UV-Trocknung und UV-Lacken im Verarbeitungsprozess für Druckerei und Kunden?

CHRISTIAN SUNDERMANN: Die UV-Trocknung sorgt dafür, dass die Farben auf den „nicht saugenden Materialien" sofort aushärten. Nur so ist es möglich, z. B. Leuchtfolien, Aufkleber, bis zu ein Millimeter starke Kunststoff-Materialien oder kaschierte, hochglänzende Silberfolien zu bedrucken. Auch ausgefallene Cover von Broschüren und Katalogen, Wackel- und 3D-Bilder oder spannende Lösungen für transparent bedruckte Verpackungen sind Anwendungen, die sich so erzielen lassen.

Glänzende oder matte UV-Lackierungen, die sich unmittelbar an den Druckprozess – also Inline – anschließen, bieten dem Kunden nicht nur Zeit- und Kostenvorteile, sondern auch den Vorteil, dass er während des gesamten Projektablaufs nur einen Ansprechpartner hat. Das minimiert Fehlerquellen.

Herr Thomas, ein weiteres Spezialgebiet Ihres Hauses, die Kombination von Druck und Effektstrukturlackierung, kommt bei der Erstellung so genannter Farbtonkarten zum Einsatz. Wofür werden diese benötigt und welche Vorteile bieten dabei Ihre Iriodin-Pearl-Lacke?

GÜNTER THOMAS: Iriodine sind leicht metallisch schimmernde Pigmente, die aus Naturstein oder – je nach Farbton – auch chemisch hergestellt sind. Sie werden in vielen Bereichen des täglichen Lebens eingesetzt, sei es z. B. in der Automobilindustrie – denken Sie nur an die vielen Metallic-Lackierungen – oder in der Beauty- und Mode-Welt. Iriodine versetzen uns in die Lage, authentische Druckprodukte zu erzeugen und wirklichkeitsnah auf Papier und Karton an den Kunden zu bringen, eben auch über Farbkarten.

Herr Sundermann, gibt es denn tatsächlich wirtschaftliche Argumente auf Kundenseite, die den – nachweislich kostenträchtigeren – Einsatz von aufwändiger Veredelung bei Printprodukten rechtfertigen?

CHRISTIAN SUNDERMANN: Das Aussehen und die Präsentation einer Ware spielen in der heutigen Überflussgesellschaft eine gewichtige Rolle. Mittlerweile ist allgemein bekannt, dass beispielsweise die Verpackung einer Ware entscheidend für den Kaufimpuls ist. Umsatz wird durch exklusives Erscheinungsbild generiert.

Gleiches bestätigte uns der Controller eines Kunden, für den wir im Rahmen der Fußball-WM einen aufwändigen Magazin-Umschlag für das offizielle Programmheft zum Finale produziert haben: Er rechnete aus, dass die Zusatzkosten für die Veredelung bereits gedeckt seien, wenn es gelingen würde, anstelle von 1.000 Exemplaren 1.060 Stück zu verkaufen. Jedes weitere verkaufte Magazin sei dann bares Geld wert.

Ist dies nur im Verkauf messbar?

CHRISTIAN SUNDERMANN: Nehmen Sie beispielsweise eine Mailing-Aktion unseres Kunden zur Produkteinführung einer innovativen Systemlösung auf dem Medizinsektor: In einem speziellen Käuferkreis sollte im Vorfeld einer Messe ein hohes Maß an Spannung und Aufmerksamkeit erzeugt werden. Die dazu entworfene VIP-Einladung – auf Silberfolie und mit Lentikular-Wackelbild auf dem Titel – stand von den Kosten her in keiner Relation zu einem herkömmlichen Offsetdruck. Der Aufwand hat sich aber gelohnt: Eine Response-Quote von 34 Prozent war ein handfest messbares Argument, das sich – durch die auf der Messe getätigten Abschlüsse – in der Folge auch wirtschaftlich messen ließ!

Ich möchte aber noch auf eine weitere Komponente eingehen, die bei der Betrachtung der Wirtschaftlichkeit ebenfalls eine Rolle spielt: Die Höhe der Produktionskosten und der zeitliche Ablauf eines solchen Projektes werden natürlich nicht zuletzt dadurch beeinflusst, ob die Veredelungsschritte separat laufen oder schon beim Drucken – Inline – mit abgewickelt werden können.

Herr Denninghoff, wie spielen hier Folienveredelung und Prägung zusammen? Macht es Sinn, einzelne Produktionsschritte zu trennen und beispielsweise auf unterschiedlich spezialisierte Partner zu verlagern, ohne dass es unwirtschaftlich wird? Oder steht dem die Sorge vor Know-how-Abwanderung entgegen?

FRANK DENNINGHOFF: Zunächst einmal sind die Verfahren Prägefoliendruck, Reliefprägung, Folienkaschierung, Lackierung und Stanzung Einzeltechniken, die man auch mit verschiedenen Netzwerkpartnern erfolgreich abwickeln kann. Wichtig ist hierbei allerdings die Erfahrung im Umgang mit den Kombinationsprodukten und die erforderliche gegenseitige Abstimmung. Neben den technischen Anforderungen sind es aber vor allem die kommunikativen Schnittstellen zwischen den beteiligten Partnern Kunde, Agentur, Drucker und Veredler, damit ein Druckprodukt auch unter Zeitdruck mit allen Verarbeitungsschritten erfolgreich umgesetzt werden kann. Hier sind besonders wichtig:

– Frühzeitige Beratung
– ein Denken vom Endprodukt ausgehend
– dazu persönliches Engagement und nicht zuletzt
– die berühmte Liebe zum Detail.

Die Technik allein ist nur in seltenen Fällen ein Alleinstellungsmerkmal.

HANS BURKHARDT: Sorry, wenn ich mich hier einmische! Wir haben uns seit vielen Jahren auf das Folienprägen von Einbanddecken, insbesondere mit Gewebe überzogene, spezialisiert. Seit einigen Jahren müssen wir aber leider feststellen, dass immer mehr Folienqualitäten vom Markt verschwinden und wir dadurch in der Vielfalt von Folien für das Prägen von unterschiedlichen Überzugsmaterialien sehr stark eingeschränkt werden. Ist der Buchmarkt für die Folienhersteller wirklich so bedeutungslos? Das schmale Foliensortiment führt dazu, dass immer mehr Buchbinder gezwungen sind, auf Siebdruck auszuweichen.

Herr Dorn, Ihr Unternehmen produziert hochwertige Einbandmaterialien und -stoffe für Druckprodukte. Stimmen Sie dem zu?

DIETMAR DORN: Es ist leider wahr, dass sich in den letzten Jahren die Auswahl an Prägefolien stark vermindert hat. Für die Buch-Welt wäre es sehr wünschenswert, wenn es zukünftig wieder mehr Folienqualitäten am Markt gäbe. Vielleicht wird dies auch erfolgen, nachdem die Nachfrage an Veredelung insgesamt so stark zugenommen hat, wie alle Teilnehmer dieser Runde ja bestätigt haben. Wir als Hersteller hochwertiger Einbandmaterialien bekommen diese Rückmeldungen allerdings selten direkt, sondern eher zufällig, über die Verlage.

Und Sie, Herr Thomas? Wie sieht es damit im Bereich Verpackung aus?

GÜNTER THOMAS: Ich würde Herrn Denninghoff uneingeschränkt zustimmen. Mit einer Ausnahme: Geht etwas in die Hose, wird der schwarze Peter unter allen Beteiligten wie eine lästige WC-Fliege hin- und hergeschoben. Und dann kommt Freude auf.

Herr Denninghoff, welche Wünsche kommen seitens der Kunden bzw. welches Feedback erhalten Sie? Kann man hier angesichts des enormen Spektrums von Druckprodukten überhaupt pauschale Aussagen treffen?

FRANK DENNINGHOFF: In der Aufgabenstellung unterscheiden wir zwei unterschiedliche Herangehensweisen. Zum einen in Form des Kunden, der mit druckfertigem Entwurf eine möglichst nahe und wirtschaftliche Umsetzung erwartet. Immer häufiger treffen wir aber auch auf den Kunden, der gemeinsam mit den Partnern schon im Vorfeld die verschiedenen (Veredelungs-)Möglichkeiten erörtert, die je nach gewünschtem Stil, Produkt- und Zielgruppen unterschiedliche Ansätze bieten. Letztendlich ist die gewünschte Wirkung ausschlaggebend.

Allerdings gilt auch in der Veredelung, dass „viel nicht immer viel hilft"; häufig ist weniger mehr. Der maßvolle Einsatz fördert oftmals das stimmigere, glaubwürdigere und auch wirtschaftlichere Produkt.

Herr Dorn, welche Bedeutung kommt der Beratung im Produktionsprozess im Hinblick auf das Gelingen von Veredelung und Verarbeitung zu? Wann ist der beste Zeitpunkt für das Zusammenbringen der unterschiedlichen Partner?

DIETMAR DORN: Aufgrund der entsprechenden Verarbeitungshinweise, die unsere Kollektion von für den Druck optimierten Einbandmaterialien enthält, kommt der Beratung im Produktionsprozess für uns eine eher untergeordnete Rolle zu; dies beruht aber sicher auch auf der in der Regel hohen fachlichen Kompetenzen der Verarbeitungs- und Veredelungsbetriebe. Bei eventuellen Besonderheiten in der Verarbeitung bzw. Veredelung ist es nach unserer Erfahrung allerdings sinnvoll, bereits im Vorfeld die unterschiedlichen Partner zu einer Besprechung zusammenzuführen.

Herr Burkhardt, und wie sieht es bei Ihnen mit dem Beratungsbedarf aus? Ihr Unternehmen bietet ja nicht nur die industrielle Buchbindung und -produktion, sondern auch die kostengünstige Fertigung von Klein- und Kleinstauflagen. Immerhin

TRENDS

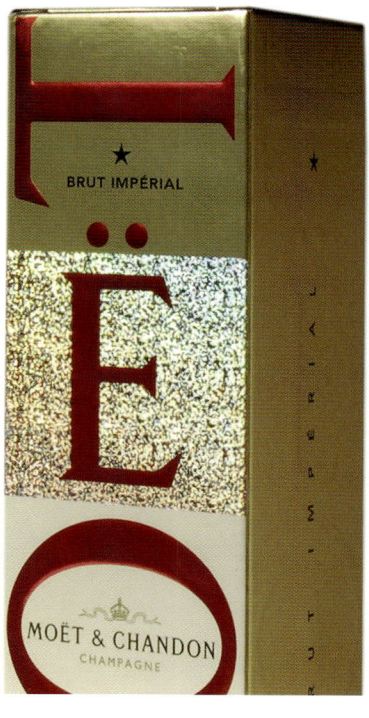

Alle Fotos der Anwendungen:
Hubert Minsch

20 Prozent der Umsatzes werden bei Ihnen in den betriebseigenen handwerklichen Ateliers gefertigt.

HANS BURKHARDT: Der Beratungs-*Bedarf* und vor allem die Beratungs-*Nachfrage* sind sehr hoch, Tendenz steigend. Speziell die Angebotspalette von Produkten aus dem Schnittstellenbereich zwischen Industrie und Handwerk ist fast grenzenlos und fordert auch uns als Profi immer wieder. Die interne Schulung unserer Verkaufsleute hat deshalb einen hohen Stellenwert.

Ist die „Zugänglichkeit" von Kunden für Ihre Vorschläge eine Sache des Vertrauens oder eher der Kosten? Wann sollte die Beratung idealerweise erfolgen?

HANS BURKHARDT: Ich denke primär des Vertrauens. Unsere kreativen und innovativen Vorschläge beinhalten oft auch eine Vereinfachung der Produktion. Die Beratung sollte deshalb so früh wie möglich erfolgen.

GÜNTER THOMAS: Der Kunde findet in den von uns hergestellten Produkten seine eigene Wertigkeit wieder, denn sein Gefühl sagt ihm: „Das bin ich". Wir geben der Lieblosigkeit keine Chance. Primär sollte die Beratung und Betreuung am Anfang erfolgen, und zwar unter dem Motto: „Ich hab da mal 'ne *Idee*".

Wie schützen Sie sich denn davor, dass gute Ideen Ihres Unternehmens von anderen „abgekupfert" und umgesetzt werden?

GÜNTER THOMAS: Zum Thema Abkupfern: Unsere Unternehmungen waren bisher über viele Jahre für jedermann zugänglich. Diese Situation werden wir zukünftig allerdings nur noch für die Verpackungsindustrie aufrechterhalten. Gerade im Jahr 2006 haben wir, besonders aus der Akzidenzindustrie, böse Überraschungen erlebt. Schlimm ist es, dass diese Menschen uns anzapfen, weil ihnen selber nichts einfällt, in ihren Kupferbetrieb gehen und sich 300 Jahre nach Erfindung des Dynamits durch Alfred Nobel als Entwickler feiern lassen. So ist es zum Beispiel in letzter Zeit beim Bedrucken und Veredeln von Silber- und Goldfolien passiert. Aber unsere Entwicklungskarawane zieht weiter, zukünftig ohne die Kupferkönige!

Herr Burkhardt, Sie entwickeln mit hohem Aufwand z. T. einmalige innovative Verarbeitungs- und Präsentationsformen für Bücher und CDs, so z. B. Ihr discboard. Rechnet sich ein solcher Aufwand überhaupt oder geht es mehr um das Image, „technologischer Vorreiter" zu sein?

HANS BURKHARDT: Ihre Frage ist durchaus berechtigt! Im einen Fall rechnet sich die Investition, z. B. im Kleinauflagenbereich „Bookfactory", in anderen Fällen eher nicht. Sicher aber sind solche Eigenentwicklungen wertvoll für Image und Werbung, und besonders auch für wertvollen Know-how-Gewinn.

Dieser ist natürlich auch für Konkurrenten sehr interessant, ich denke nur an Ihre „flexiblen" Metalleinbände. Wie schützen Sie sich vor „Ideenklau"?

HANS BURKHARDT: Bei der Herstellung von Mustern verweisen wir auf unser „geistiges Eigentum" und appellieren gleichzeitig an das Gewissen und die Fairness unserer Kunden.

Wer hat bei Ihnen die Ideen?

HANS BURKHARDT: Eigentlich „alle". Die beste Voraussetzung für das Finden von innovativen

Lösungen ist eine gute und offene Unternehmenskultur. Dazu gehört auch die Bereitschaft der Geschäftsleitung, mögliche Misserfolge zu akzeptieren.

Herr Dorn, Ihr Haus investiert ebenfalls jedes Jahr hohe Summen in die Entwicklung neuer Materialien und Farben, und auch Sie sind starken „Nachmacher"-Problemen ausgesetzt. Da viele Produkte auf den ersten Blick ähnlich aussehen und sich der – meist entscheidende – Unterschied erst im späteren Einsatz zeigt: Wie beugen Sie hier vor?

DIETMAR DORN: Die Bamberger Kaliko ist am Markt traditionell für ihre bahnbrechenden Entwicklungen und Innovationen bekannt und sehr geschätzt. Leider gibt es in unserem Produktbereich nur unzureichende Möglichkeiten dem „Nachmacher"-Problem vorzubeugen bzw. entgegenzuwirken. Geringfügige Abwandlungen des Produktes wie beispielsweise die Fadenanzahl des Grundgewebes führen dazu, dass es sich rechtlich um keine Produktpiraterie handelt. Die zumeist geringe Qualität der nachgemachten Produkte offenbart sich meist auf dem „zweiten Blick" bei der Verarbeitung oder am Endprodukt. Nicht zuletzt stärkt dies unseren Anspruch an höchste Qualität und bietet zudem einen großen Ansporn für neue, innovative Produkte und Herstellungsverfahren. Letztendlich sollte man nie vergessen, dass eine Kopie auch immer nur eine „Kopie" bleiben wird.

Und wer gibt bei Ihnen die Impulse für Neuentwicklungen?

DIETMAR DORN: Durch unsere Nähe zum Markt erhalten wir viele Impulse direkt über unsere Kunden. Zugleich verfügen wir in unserem Unternehmen über eine eigene Entwicklungsabteilung sowie ein perfekt ausgerüstetes Labor, so dass wir auch viele eigene Ideen austesten und realisieren können. Nicht zuletzt nutzen wir Synergieeffekte, die sich aus unseren weiteren Produktbereichen Sonnenschutz und Schleifmittelträger ergeben. In diesem Zusammenhang sei erwähnt, dass wir aktuell ein innovatives textiles Einbandmaterial entwickelt haben, mit welchem wir unser umfassendes Produktprogramm ideal ergänzen werden.

Herr Thomas, und wie ist es bei Ihnen?

GÜNTER THOMAS: Unsere Häuser, unsere Unternehmungen sind für das Setzen neuer Trends und die Weiterentwicklung hochveredelter Printprodukte weltbekannt. Viele nationale und internationale Marken und Namen aus unterschiedlichen Industriesparten werden in unseren Unternehmungen zum „Event auf Papier und Karton" inszeniert; ohne Papier und Karton gibt es keine Marke. Die „Eingreiftruppe" für emotional zurückgebliebene Druckerzeugnisse besteht aus erstklassigen Mitarbeitern, die unter dem Stichwort „Anti-Wanderpokal" die gesamte Fertigungstiefe unserer Unternehmungen in die Waagschale werfen. Bei uns kann nichts schief gehen, wir haben alles da, die emotionale Intelligenz auf Papier und Karton zu bringen.

Die Idee ist also primär und die Technik sekundär?

GÜNTER THOMAS: Absolut, voll Ihrer Meinung.

Herr Schär, gilt das auch für Ihren Anwendungsbereich?

MARKUS SCHÄR: Ja. Wir setzen neue Ideen in Prepress, Press und Postpress konsequent um. Die Impulse kommen einerseits von unseren Kunden, andererseits durch eigene Beobachtungen der Entwicklungen.

Herr Sundermann, neue Technik heißt zunächst immer auch: hohe Kosten. In welcher Größenordnung muss man sich Investitionen vorstellen, wie Sie beispielsweise Ihr Haus im letzten Jahr getätigt hat?

CHRISTIAN SUNDERMANN: Vielleicht erstaunt Sie das; aber die Frage lässt sich nicht so leicht beantworten. Zumindest nicht, wenn wir aufgrund unserer jahrelangen Erfahrung vom Hersteller die Gelegenheit bekommen, in die Entwicklung einer neuen Maschinentechnologie mit einbezogen zu werden. Diese Stunden haben wir genau so wenig gezählt wie den Aufwand für die gemeinsame Inbetriebnahme und den Feldtest der Anlage. Es gibt Sachen, die kann man nicht einfach kaufen.

www.sparkasse-koelnbonn.de

Ein starker Partner für Medien:
Gut für die Quote.
Gut für Köln und Bonn.

Sparkasse KölnBonn

Medien brauchen einen starken Partner, der sich in der Branche auskennt. Die Sparkasse KölnBonn zählt zu den großen Medienfinanzierern in Deutschland. Mit ihrer langjährigen Erfahrung und ihren wertvollen nationalen wie internationalen Kontakten ist die Sparkasse KölnBonn eine der ersten Adressen für die Medienbranche. Unser Medienengagement schafft günstige Rahmenbedingungen für die hiesige Medienwirtschaft. Damit fördern wir auch den Standort und unterstützen den Strukturwandel in Köln und der Region. **Sparkasse. Gut für Köln und Bonn.**

Der Preis für eine Heidelberger UV-Offsetmaschine XL-105 mit Lackierwerk hingegen ist konkret und liegt je nach Anzahl der Farbwerke und der Ausstattung zwischen 2,5 und 3,5 Millionen Euro.

Herr Thomas, auch Ihre Unternehmungen unterstützen seit Jahren namhafte Druckmaschinenhersteller bei der Entwicklung neuer Druckverfahren und -maschinen. Wie wird man „Entwicklungspartner"– und was motiviert Sie als Unternehmer dazu, den damit verbundenen Aufwand zu investieren?

GÜNTER THOMAS: Ich benutze dabei einmal den abgedroschenen Spruch der Deutschen Bank: „Vertrauen ist der Anfang von allem!", der in vorgelebter Form zwar heute als altmodisch erscheint, aber in seinem Ursprung in unserer Unternehmung volle Gültigkeit besitzt. Abfallprodukt des Vertrauens ist die Seriosität. Unseren eigenen Bauchnabel kennen wir, deswegen interessiert uns immer der Bauchnabel des anderen. Was liegt da näher, als die Künste und Welten der Maschinenbauer mit unseren in Einklang zu bringen? Habe noch nie einen zahnradbauenden Ingenieur gesehen, der eine Palette Papier vorgestapelt hat. Das tun wir dann im übertragenden Sinne.

Zum zweiten Teil ihrer Frage: Ich tue es als Mensch und nicht als Unternehmer, weil das Leben eine endliche Geschichte ist und keine unendliche. Was gibt es Gerechteres, als das, was man selber erarbeitet hat, auch selber zu verbraten? Wenn du es nicht tust, tun es deine Erben. Das wäre doch Schwachsinn, oder?

Wird – u. U. gemeinsam – eher auf ein konkret angedachtes, neues Kunden- bzw. Endprodukt hin entwickelt oder eher generell auf eine neue Anwendungsart?

GÜNTER THOMAS: Mit der Heidelberger Druckmaschinen AG entwickelten wir beispielsweise die berühmteste Druckmaschine, die DUOPress. Laut BMU wurde diese Entwicklung als „beste verfügbare Technik" ausgezeichnet.

Aber Maschinen sind nur Teil eines Konzepts. Wir verbinden diese Welt mit dem Know-how der Mitarbeiter, der Chemie, der Kreativität und dem Endkunden für erfolgreiche Produkte. Geleitet werden wir dabei vom Design, m. E. dem Wirtschaftsfaktor Nummer Eins, als übergeordnete „Institution".

Herr Schär, sind es Veränderungen auf Kundenseite, die zu anderen Qualitätsansprüchen führen, oder eher das eigene Bedürfnis nach Perfektion? Ihr Haus beispielsweise setzt als einziger Akzidenzbetrieb der Schweiz eine so genannte Bogen-Inspektions-Anlage (EagleEye) ein, die Null-Fehler-Toleranz im Druck gewährleisten soll. Welche Vorteile bringt eine solche Investition dem Kunden?

MARKUS SCHÄR: Der Einbezug der Kundenbedürfnisse ist für uns auf jeden Fall zentral. Um im Bereich der veredelten Printerzeugnisse Schritt halten zu können, heißt es, die Prozesse zu beherrschen und sich offen für Innovationen zu halten. Im Segment der hochwertige Druckprodukte gehört eine gesunde Portion Perfektionismus zum Rüstzeug unserer Mitarbeitenden. Für die Kunden ist der Einsatz von ‚Extras' wie z. B. des ‚EagleEye' Garant für Qualität, Sicherheit und Termintreue und damit Teil unserer Leistungsdevise, die da heißt: Mehrwert für den Kunden schaffen.

Herr Dorn, welche Bedeutung kommt der Präsentation von Neuentwicklungen durch so genannte „Schlüsselkunden" zu? Nehmen wir nur eine Ihrer letzten Entwicklungen – im herkömmlichen Offset bedruckbares Leinen ...

DIETMAR DORN: Grundsätzlich ist es sehr förderlich, wenn Neuentwicklungen durch „Schlüsselkunden" und/oder über Prestigeobjekte dem Markt präsentiert werden. Unser erwähntes, im Offset bedruckbares Leinen „Printa" erfreut sich beispielsweise einer großen Nachfrage, nachdem einige Verlage – darunter auch der Taschen Verlag – ein derartiges Leinen bei der Frankfurter Buchmesse als Einbandmaterial präsentiert haben. Als geradezu perfektes Beispiel für die Bedeutung, die einer Präsentation von Neuentwicklungen durch Schlüsselkunden zukommt, möchte ich zudem unser innovatives Bucheinbandmaterial „€uroBuckram" anführen. Durch die Verwendung als Einbandmaterial der aktuellen Brockhaus Enzyklopädie in 30 Bänden und der damit verbundenen Werbekampagne wurde dieses herrliche, widerstandsfähige Material innerhalb kürzester Zeit einem breiten bibliophilen Publikum zugänglich. Die Resonanz seitens unserer Kunden belegt die entsprechende Bedeutung eindrucksvoll.

An alle: Welche Eigenschaften und Fähigkeiten müssen Unternehmen im Bereich Druck, Veredelung und Verarbeitung heute mitbringen, um marktfähig zu sein?

FRANK DENNINGHOFF: Neben der Fähigkeit, Kunden zu faszinieren und Aufgabenstellungen des Kunden richtig zu erfassen, stehen vor allen Dingen Kenntnisse über die Möglichkeiten der verschiedenen Prozesse (Gestaltung, Vorstufe, Druck, Veredelung und Verarbeitungstechniken) im Vordergrund. Erst hierdurch lassen sich für den Kunden individuelle, herausragende und maßgeschneiderte Druckprodukte gestalten und fertigen, mit denen der Kunde in seinen Märkten Erfolg haben kann. Hierbei ist die Frage der Eigenfertigung oder Vergabe an Veredelungspartner meiner Meinung nach in der Kundenbeziehung zwischen Druckunternehmen und Endkunde nicht entscheidend.

CHRISTIAN SUNDERMANN: Man muss bereit sein, sich dem kariert-gestreiften Maiglöckchen zu stellen, das sich der Kunde im Kopf als Vision zurecht gelegt hat. Denn einen 16-Seiter mit Rückenstichheftung produzieren – das kann jeder. Den Kunden dort abzuholen, wo er steht – und seine Visionen in die Realität umzusetzen, schafft Kundenbindung und macht den Erfolg eines Unternehmens aus.

GÜNTER THOMAS: Druckunternehmen sollten das machen, was sie am besten können. Sollten sich keinen Sand in die Augen streuen lassen über Zusatzmärkte, weil diese Märkte schon alle besetzt sind. Was sie aber machen müssen ist, gedanklich näher an den Endkunden, sein Produkt und seine Unternehmung kommen. Weg vom Abwickler, hin zum Denker.

DIETMAR DORN: Grundlegende Faktoren in unserem Bereich sind ein hoher Qualitätsstandard unserer Produkte sowie die Fähigkeit, neuartige Materialien zu entwickeln, die sich an den aktuellen Erfordernissen des Marktes orientieren.

MARKUS SCHÄR: Wichtig ist die konsequente Ausrichtung auf die Kundenbedürfnisse und die spezifischen Entwicklungen am Markt. Der Wettbewerbsvorteil ist also in der Formulierung und Umsetzung einer Strategie zu suchen. Eine Nischenstrategie mit einer klaren Fokussierung auf gewisse Spezialitäten kann für kleinere Betriebe durchaus erfolgversprechend sein.

Können mittlere und kleine Unternehmen die in der Regel gewaltigen Maschineninvestitionen überhaupt „hereinholen" oder sind sie infolge ihrer Betriebsgröße von vornherein von der Teilhabe an neuen Marktsegmenten ausgeschlossen?

FRANK DENNINGHOFF: Gerade im mittelständischen Druckumfeld bieten Veredelungsunternehmen als Dienstleister den Vorteil, durch Bündelung unterschiedlichster Auftragsstrukturen in verschiedenen Verarbeitungstechniken und Formaten eine zeitnahe und wirtschaftliche Produktion zu bieten, hierdurch entfallen hohe Investitions- und Auslastungsrisiken für kleine und mittelständische Druckereien, die sich auf ihre eigenen Schwerpunkte konzentrieren können.

CHRISTIAN SUNDERMANN: Mittlere und kleine Unternehmen sind wendiger und flexibler als große. Während andere noch mit Meetings und langwierigen Entscheidungsprozessen beschäftigt sind, haben sie eine sich bietende Chance oftmals schon längst wahrgenommen. „Der frühe Vogel fängt den Wurm".

HANS BURKHARDT: Kleinere Unternehmen müssen sich eben auf einzelne Spezialitäten konzentrieren, d. h. sie dürfen ihre Angebotspalette nicht zu breit gestalten.

GÜNTER THOMAS: Nein, unter wirtschaftlichen Gesichtspunkten sind für kleinere Unternehmen die dafür notwendigen Millioneninvestitionen aus dem Stand realitätsfremd. Sie müssen sich spezialisieren gemäß der reziproken Formel der betriebswirtschaftlichen Lehre: „Erziele mit vorhandenen

Mitteln den größtmöglichen Ertrag". Mit Neuinvestitionen kann man sicherlich kleine technologische Stones erreichen, sollte sich aber ohne großes Prozessrisiko eines mehrstufigen emotionalen Vollanbieters zur Ergänzung der eigenen Wertschöpfungskette bedienen, somit Logistikkosten vermeiden und den „Reibach" teilen. Herzinfarkt ade!

MARKUS SCHÄR: Größe kann nützen, ist aber nicht das eigentliche Kriterium. Nicht allein die Investitionen in die Technik, sondern vor allem in den Markt und den Service sind der Ansatzpunkt. Bessere Resultate erzielt, wer eine überdurchschnittliche Leistung erbringt und damit einen gewissen Mehrwert für den Kunden liefert; dies gilt von der Beratung bis zur Endablieferung der Printerzeugnisse an den gewünschten Bestimmungsort. Neben den Investitionen in ‚Hardware' ist es also vor allem der Faktor ‚Human Resources', der wirklich zählt.

Sind die großen finanziellen Risiken nicht ein hoher Preis für die Option, „emotionale" Drucksachen anbieten zu können? Oder garantiert die Fähigkeit zur Erstellung hochwertiger und optisch wie haptisch attraktiver Drucksachen im heutigen Branchenumfeld tatsächlich bessere Umsatzzahlen, die Erschließung neuer Märkte und eine intensivere Bindung der Auftraggeber?

MARKUS SCHÄR: Garantien gibt es sicher keine. Auch im Umfeld der hochwertigen Produkte spielt der harte Wettbewerb eine Rolle. Die permanente Umsetzung von Produktivitätsfortschritten und die Kostenkontrolle sind unsere ständigen Begleiter.

CHRISTIAN SUNDERMANN: Außergewöhnliche Print-Projekte sind bei der Neukundengewinnung die Türöffner, durch die man ins Gespräch kommt. Sie wecken Interesse und hinterlassen bleibende Eindrücke. Doch lange nicht alle Print-Produkte eines Kunden sind für höchste Veredelungsstufen konzipiert. Und so ergeben sich aus dem Gespräch auch häufig Ansatzpunkte für die Produktion von Objekten, die wir dann zu unserem „Brot und Butter Geschäft" zählen.

HANS BURKHARDT: Die Fähigkeit zur Erstellung von optisch und haptisch attraktiven Drucksachen garantiert noch überhaupt nichts. Hingegen bin ich überzeugt, dass das Äußere, das Kleid einer Drucksache, in der gewaltigen Flut von Informationen heute einen deutlich höheren Stellenwert bekommen hat.

GÜNTER THOMAS: Wenn man über Jahrzehnte mit der Vielfalt von Druckprodukten und der Veredelung gewachsen ist – wir haben dazu 35 Jahre benötigt, kontinuierlich – verfügen Sie über eine breit gefächerte Legende mit erfolgreichen Kunden, die letztendlich die Investitionen periodisch mitfinanzieren. Hat man diese nicht, sollte man die Finger davon lassen. Auch unterlag die Veredelung im so genannten Mass-Market in allen Variationen einer erheblichen Preisreduktion. Hierbei gilt der Grundsatz: „Was kaufbar ist, ist auch austauschbar." Es sei denn, man hat Genialität.

DIETMAR DORN: Sicherlich birgt die Entwicklung von „emotionalen", hochwertigen Drucksachen ein nicht geringes Risiko für das Unternehmen, da sich Erfolg oder Misserfolg meist nicht im Vorfeld abschätzen lassen. Dennoch ist es unumgänglich, durch innovative Entwicklungen neue Märkte zu erschließen sowie durch ein vielseitiges Produktprogramm die Kundenbindung nachhaltig zu intensivieren.

An alle: Welche Perspektiven sehen Sie? Und möchten Sie den Lesern und potenziellen Kunden vielleicht noch etwas mit auf den Weg geben?

FRANK DENNINGHOFF: Gut gemachte Druckprodukte, die inhaltlich und äußerlich stimmig sind, haben auch im Zeitalter von elektronischen Medien eine gute Perspektive. Für das Gros der Wirtschaftsgüter wird eine Verpackung in weitester Form immer benötigt – und ohne Inszenierung der eigenen Markenwelt wird man entweder nicht wahrgenommen oder nicht begehrt. Nur für begehrenswerte Produkte bin ich als Kunde bereit, auch einmal etwas oder etwas mehr auszugeben.

FRANZ STEIN: Aus meiner Sicht wird die Kommunikation und der Erfahrungsaustausch zwischen den einzelnen Partnern immer mehr an Wichtigkeit gewinnen. Der Erfolg, welchen sich der Kunde von dem Produkt verspricht, muss unser aller Messlatte sein. Nur zufriedene Kunden, die von unseren Produkten überzeugt sind, werden auch in Zukunft auf das Medium PRINT nicht verzichten und hier weiter investieren.

HANS BURKHARDT: Vergessen Sie nicht, den Buchbinder möglichst frühzeitig, d. h. bereits beim Erstellen des Konzeptes, mit einzubeziehen. Es kann sich auszahlen.

MARKUS SCHÄR: Gedruckte Botschaften wird es auch in Zukunft geben. Auch der Prozess des technischen Fortschritts wie Produktivitätssteigerungen, Vernetzung etc. wird sich fortsetzen. Die Frage lautet somit: „Was hilft unseren Kunden zu ihrem Erfolg?" Wie steigern wir den Nutzen für unsere Kunden? Darauf müssen (und wollen!) wir konkrete, kompetente und zufrieden stellende Antworten geben.

DIETMAR DORN: Bücher werden grundsätzlich mit mehreren Sinnen „gelesen". Neben der Optik spielt auch eine angenehme Haptik – schließlich hält man das Buch ja in den Händen – eine wichtige Rolle. Insofern werden hochwertige Einbandmaterialien und schöne Veredelungen auch in Zukunft ihren festen Platz in der Buchwelt behaupten.

GÜNTER THOMAS: Innovation und Geiz passen nicht in denselben Kopf hinein. Wer als Produkt oder als Unternehmung die Nummer 1 sein will, kann Gedrucktes nicht wie die Nummer 3 behandeln. Top Geschäfte nur über Top Prints, ohne Druck keine Marken, und ohne Druck für alle kein Geld.

CHRISTIAN SUNDERMANN: Wenn Drucker und Kunde sich auf Augenhöhe begegnen können, dann ist das die beste Perspektive. In der täglichen Praxis wird von uns mehr verlangt und geboten, als „nur" zu drucken. Primär muss es im Gespräch darum gehen, WAS möglich ist – und nicht um das WIE. Und da darf auch ruhig mal gesponnen werden. Denn wer die Zukunft gestalten will, muss die Gegenwart verändern.

Meine Herren, ich danke für das Gespräch.

BAMBERGER KALIKO
bietet eine Vielfalt an hochwertigen textilen Einbandmaterialien, beschichtete Stoffe mit Oberflächenschutz sowie feine wie schwere Gewebe für den Offset- und/oder Siebdruck; die Farbpalette reicht von leuchtenden über changierende Farben bis hin zu Materialien in Metallic-Optik, www.bamberger-kaliko.de

BUCHBINDEREI BURKHARDT
(Der Buch-Architekt), gemeinhin liebevoll BUBU genannt, bietet neben technischen Innovationen wie integrierten CDs/DVDs seit nunmehr zwei Jahren auch die wirtschaftliche Fertigung von Kleinstauflagen bis hin zu Einzelbüchern als Hardcover. Ihre „Bookfactory" wurde anlässlich des Marketingtags im KKL Luzern mit der Goldmedaille für Marktleistungen mit Vorbildcharakter für die Schweizer Wirtschaft ausgezeichnet, www.bubu.ch

GASSMANN GRUPPE
In nunmehr 7. Generation von der gleichnamigen Familie geführt, umfasst sie operativ den Bereich Medien (eine deutsch- und eine französischsprachige Tageszeitung sowie eine Beteiligung am lokalen Privatfernsehen) und den Bereich Akzidenzdruck; hier betreuen die Gassmann AG und ihre Tochterfirma Courvoisier SA u.a. hochwertige Printprodukte der Uhren- und Schmuckbranche im Bereich Druck, Repro und Vorstufe, www.gassmann.ch

GRÄFE DRUCK UND VEREDELUNG
versteht sich als Beratungs-, Innovations- und Fertigungspartner für Gestalter, Agenturen und Druckereien in den Bereichen Gestaltung, Bedruckstoffe, Veredelungstechniken und Werkzeugherstellung. Die Firmengruppe bietet „Mehrwert in visueller Faszination" (so z.B. Prägungen und Folienveredelungen) und hohe Produktsicherheit (z.B. durch den Einsatz von Druckhologrammen), www.graefe-druck.de

KIRCHNER PRINT.MEDIA
Das Unternehmen bietet zahlreiche Leistungen rund um Druck und Veredelung. Erst unlängst wurde ein Tier-Kalender, mit dessen weltweit einmaligen Aufnahmen von Eisbären der Bielefelder Thorsten Milse den Natur-Foto-Wettbewerb „Nature's Best" gewann, zum ausschließlichen Verkauf in die so genannte „Eisbärenhauptstadt" Churchill, Kanada, ausgeliefert, www.kirchner-printmedia.de

SAPPI
ist der weltweit führende Hersteller von gestrichenen Feinpapieren für hochqualitativen Verlags-, Werbe-, Etiketten- und Verpackungsdruck. Nähere Informationen zum Unternehmen und den von ihm geführten Produktmarken: www.sappi.com

THOMAS-GRUPPE
Günter Thomas (Die „Beeindrucker") gründete 1970 sein erstes Unternehmen in Gelsenkirchen; heute umfasst die Thomas Gruppe drei Standorte in Alsdorf (bei Aachen), Essen und Gelsenkirchen. Darüber hinaus bestehen noch diverse Industriebeteiligungen an namhaften Unternehmungen im Umfeld der Grafischen Industrie und Unterhaltungsbranche, www.thomasgruppe.de

Technikverliebtheit oder praktischer Nutzen?

Standards erleichtern Kunden die Zusammenarbeit

Immer wieder lesen und hören wir etwas über den Begriff „Prozess-Standard Offset" oder auch PSO genannt. Aber nur wenige wissen bisher wirklich, was sich dahinter verbirgt – und vor allem, welchen Nutzen eine darauf basierende Arbeitsweise haben kann. Aus diesem Grund geben wir Ihnen hier einen kurzen (aber verständlichen) Einblick in die Welt der Prozesse nach der ISO Norm 12647-2 und stellen dar, wie Sie diese für Ihre alltägliche Arbeit positiv nutzen können.

Zunächst einmal muss man wissen, dass „Prozess-Standard Offset" nichts anderes ist als eine „Bedienungsanleitung" zur richtigen Umsetzung der ISO Norm 12647-2. Diese wurde bereits vor etlichen Jahren gemeinsam von der FOGRA, dem Bundesverband Druck und Medien e.V. (bvdm), der ECI Ugra und der Papier-Industrie für den Offset-Druck entwickelt. Alle fünf Jahre erfolgt eine Überprüfung, ob diese Norm noch praxisgerecht ist. Die letzte Überarbeitung erfolgte in 2004.

Hintergrund und Inhalte

Die ISO Norm 12647-2 ist die so genante „objektive Prozesskontrolle" für die Herstellung von

– Raster-Farbauszügen
– Andruck
– Prüfdruck (Proof)
– Auflagendruck
– Flachdruck (Teil 2 der Norm).

In ihr stehen Sollwerte und Referenzen, Toleranzen und Kontrollmethoden.

Der Prozess-Standard Offset hat die gleichen Grundparameter wie die ISO Norm. Er ist lediglich umfangreicher.

Schauen wir uns deshalb zunächst einmal an, wonach die ISO Norm/PSO kontrolliert. Dies sind

– der Farbort CIE-Lab und
– die TWZ (Tonwertzunahme).

Die Dichte wird im PSO nicht berücksichtigt, da sie keinerlei Aussagekraft bezüglich des Farbortes hat. Dichtewerte sagen ausschließlich etwas über die Farbmenge aus. Diese kann auch bei gleicher Farbwirkung unterschiedlich sein, zum Beispiel auf Grund der verwendeten Farbpigmente oder anderer Parameter. Aus diesem Grund kann für die Dichte beim PSO kein Sollwert angegeben werden.

Dies bedeutet jedoch nicht, dass die Dichte im Offset-Druck irrelevant wäre. Für den Drucker ist diese nach wie vor sehr wichtig, da die Dichte beispielsweise die Feinheit der Wiedergabe von Abbildungen und Text nachhaltig beeinflusst.

Fünf Klassen für sich

Farborte und Tonwerte werden definiert durch

– die Farborte des eingesetzten Papiers (Papiertypen/-klassen);
– die Farborte der verwendeten Druckfarben (Primär- und Sekundärfarben),
– die Tonwertzuwächse,
– die TWZ-Spreizung.

TRENDS

VERENA WOESTE
Medienberatung

1. PAPIERTYPEN

Papiere sind auf Grund ihrer Beschaffenheit aufgeteilt; die ISO Norm legt hier fünf Klassen mit vier dazugehörenden Profilen fest (siehe Tabelle 1).

Im Profil sind die technischen Parameter und Eigenarten der verschiedenen Materialien für den Druck berücksichtigt. Wird also ein Proof beispielsweise nach Fogra 29L ausgedruckt, so erhält man die Anmutung für Papiertyp 4.

2. DIE VOLLTONWERTE

(siehe Tabelle 2 auf der nächsten Seite). Die drei Werte, die im CIE-Lab festgelegt werden, ermitteln sich pro Papier und Farbe (so genannte L*-, a*- und b*-Werte). Details hierzu sowie hilfreiche Links finden sich weiter unten.

3. TONWERTZUWÄCHSE

Die Tonwertzuwächse werden vom Druckverfahren, von den verwendeten Druckplatten, dem verwendeten Papier, der Rasterweite und den verwendeten Filtern im Densitometer definiert. Die in der ISO Norm angegebenen Werte entsprechen den Werten für Rotations- und Bogendruck bei 50 Prozent Flächendeckung.

4. TONWERTSPREIZUNG/DELTA E

Der Delta-E-Wert beschreibt den direkten Abstand zweier Farborte im CIE-Lab-Farbsystem. Was die einzelnen Werte bedeuten, entnehmen Sie bitte der nebenstehenden Tabelle 3.

Hier sind auch die zugelassenen Toleranzen in der ISO Norm geregelt; diese betreffen die Farborte der

Tabelle 1:   **Die Papiertypen**

Papiertyp/Klasse	Beschreibung	Profil
Papiertyp 1	Glänzend gestrichen, holzfrei Bilderdruck	Fogra 27L
Papiertyp 2	Matt gestrichen, holzfrei Bilderdruck	Fogra 27L
Papiertyp 3	LWC Rollenoffset	Fogra 28L
Papiertyp 4	Naturpapier, weiß Offset	Fogra 29L
Papiertyp 5	Naturpapier, leicht gelblich	Fogra 30L

Tabelle 3:   **Toleranzen der ISO Norm**

0,5–1,0	nur für geübte Fachaugen leicht sichtbar
1,5–2,0	für geübte Augen sichtbar
2,5–3,5	für geübte Augen leicht sichtbar
4,0–5,0	gut erkennbar
Ab 5,0	deutlich sichtbar.

Tabelle 2: Die Volltonwerte

Papiertyp	1 und 2	3	4	5
Schwarz	16, 0, 0	20, 0, 0	31, 1, 1	31, 1, 2
Cyan	54, −36, −49	55, −36, −44	58, −25, −43	59, −27, −36
Magenta	46, 72, −5	46, 70, −3	54, 58, −2	52, 57, 2
Yellow	88, −6, 90	84, −5, 88	86, −4, 75	86, −3, 77
Rot (M+Y)	47, 66, 50	45, 65, 46	52, 55, 30	51, 55, 34
Grün (C+Y)	49, −66, 33	48, −64, 31	52, −46, 16	49, −44, 16
Blau (C+M)	20, 25, −48	21, 22, −46	36, 12, −32	33, 12, −29
Grau (C+M+Y)	18, 3, 0	18, 8, 6	33, 1, 3	32, 3, 1

LAB Primärfarben, des Bedruckstoffes, der Papierfärbung (im Vergleich zwischen Proof und Druck) sowie die Tonwertzunahme.

5. KONTROLLMITTEL

Zwei Kontrollmittel sind in der Praxis etabliert: Für den Proof der so genannte Ugra/Fogra Medienkeil 2.0 und im Druck der eci/bvdm GrayCon Strip.

Der *Ugra/Fogra Medienkeil 2.0* besteht aus 46 Messfeldern, beinhaltet auch sekundäre und trizidäre Farben und lässt sich mit einer Vielzahl von Programmen auswerten Der *exi/bvdm GrayCon Strip* besteht aus 51 Messfeldern und beinhaltet auch Grauraster aus CMYK-Aufbau sowie einfarbigem Aufbau.

Die vorgenannten Kontrollkeile gibt es für jede Papierklasse. Vertiefende Informationen zur Altona Testsuite, der ISO Norm 12647-2 und PSO finden Sie unter anderem auf folgenden Webseiten:

– www.Eci.org
– www.Fogra.de
– www.bvdm-online.de

Wer arbeitet bisher nach der ISO Norm/PSO?

Viele namhafte Industrie- und Handelsunternehmen haben bereits vor Jahren eigene Standards festgelegt, damit eine Prozessoptimierung und dadurch schnellere und bessere Druckqualität gewährleistet ist. Die ISO Norm und der damit verbundene PSO wurden geschaffen, um in der gesamten Druckbranche diese Standards zu vereinheitlichen.

Referenzen der Unternehmen, die bereits nach der Norm arbeiten und diese auch von ihren Druckdienstleistern erwarten, stellt Ihnen die Autorin auf Rückfrage gern zur Verfügung. In diesem Zusammenhang sei erwähnt, dass die Rollenoffset-Druckereien deutschlandweit bereits vor geraumer Zeit zertifiziert wurden. Dies ist zwar bei den weitaus zahlreicheren Bogendruckern noch nicht der Fall; auch die Anzahl der zertifizierten Bogenoffset-Drucker steigt jedoch stetig an, da die Anforderungen aus Industrie und Handel immer stärker in den Markt dringen.

Was bringt Ihnen die ISO Norm/PSO?

Durch die Prozessoptimierung nach ISO werden viele Prozesse im Rahmen der täglichen Arbeit vereinfacht. Dies macht sich vor allem in der wesentlich schnelleren Abwicklung bemerkbar.

Angesichts der Tatsache, dass sich das Zeitfenster zwischen einem evtl. Pitch um einen Neukunden bis hin zur reellen Druckproduktion in den letzten Jahren sehr gewandelt hat und zwischen Auftragsvergabe und Auslieferungstermin des fertigen Druckobjektes häufig nur noch einige Tage liegen, ist es um so wichtiger, dass die internen Prozesse optimiert und vereinfacht sind. Die Optimierung beginnt deshalb bereits bei den Druckdaten (bzw. sogar beim Fotografen) und geht bis hin zur Fertigstellung der gesamten Druckobjekte.

Wenn Sie neugierig geworden sind, was mit PSO alles möglich ist, sind Ihnen die Ansprechpartner auf den genannten Websites sicher gerne behilflich. Hier finden Sie auch Informationen über den aktuellen Stand und die Weiterentwicklung der ISO Norm. Eine Aufstellung der bereits zertifizierten Unternehmen nach PSO erhalten Sie ebenfalls über die genannten Organisationen.

Deutsche Post World Net
MAIL EXPRESS LOGISTICS FINANCE

Online finden:
Know-how für erfolgreiche Kundenmagazine!

CORPORATEPUBLISHING
PORTAL

Service-Portal Corporate Publishing: Hier finden Einsteiger und Profis Ideen, Dienstleistungs-Partner, Budget-Planer, News und vieles mehr für erfolgreiche Kundenmagazine. Und das kostenlos.

www.deutschepost.de/corporatepublishing

Deutsche Post
PRESSE DISTRIBUTION

Zwischen Information, Emotion und Produkt

Vertriebs-PR setzt neue Maßstäbe für die Kommunikation

Ein neuer Begriff geistert seit einiger Zeit durch die Kommunikationswelt: Vertriebs-PR. Als ich diesen Begriff bei einer Arbeitssitzung vor etwa anderthalb Jahren zum ersten Mal verwendete und als wichtigen Arbeitsschwerpunkt bezeichnete, sah mich ein Marketingleiter überrascht an und sagte: „Das Wort haben Sie doch gerade erfunden, oder?" – Nun, inzwischen hat sich die Welt weitergedreht und sogar Google bietet eine Vielzahl von Treffern zum Stichwort an.

Was also steckt hinter Vertriebs-PR?

Im Grunde sollte jede PR-Maßnahme der Unterstützung des Vertriebs dienen. So stehen bei der leistungsorientierten PR Produkt, Preis, Serviceleistungen und hauptsächlich der Nutzen im Vordergrund. Sind bei der altbekannten Produkt-PR die Produkte eines Unternehmens und deren Merkmale selbstdarstellerisch das Thema, informiert Preis-PR über Preise und das Preis-Leistungsverhältnis. Vertriebs-PR bietet ergänzend dazu nutzenorientierte Kommunikation mit leserbezogenen Stories für die jeweilige Zielgruppe in den passenden Zielgruppenmedien. Die Sichtweise ändert sich also: Es geht nicht mehr nur darum, dass sich ein Unternehmen – beispielsweise über seine Produkte – dem Kunden präsentiert; vielmehr soll das aktive Interesse des Kunden dem Unternehmen und seinen Produkten gegenüber gesteigert werden.

Der Kunde wird deshalb in seiner Lebens- und Entscheidungssituation abgeholt. Der Kunde will Sicherheit für seine Entscheidungen, will sein Risiko minimieren; er erwartet Kompetenz, Rat und eine Guideline, um den Überblick zu behalten. Ausgehend davon geht es darum, den möglichen und möglichst konkreten Nutzen und Mehrwert für die Kunden herauszuarbeiten und zu kommunizieren. Die Fähigkeit, fachliche, emotionale und persönliche Betroffenheit zu erzeugen,

Geschichten aus dem Leben der Kunden zu erzählen und die Themen und Texte gleichzeitig dramaturgisch aufzuarbeiten, ist dabei wesentliche inhaltliche Voraussetzung.

Nah am Kunden sein heißt, sich in seine Lage zu versetzen

Für Vertriebs-PR ist diese Erkenntnis der Schlüssel zum Erfolg.

Vertriebs-PR arbeitet mit den Instrumenten der klassischen Medienarbeit und mit PR-Sonderformen. Der Öffentlichkeitsarbeiter macht bei der klassischen Medienarbeit seinen Job wie bisher: Er bietet den Medienredaktionen aktiv und verstärkt seine (jetzt auch am Lesernutzen ausgerichteten) Themen an und versucht diese zu platzieren. Unter PR-Sonderformen fasse ich alle Aktivitäten zusammen, bei denen der Öffentlichkeitsarbeiter gemeinsam mit den Medien seine Themen als Sonderveröffentlichungen, Themenbeilagen oder Advertorials platziert.

Medienarbeit in der Vertriebs-PR bedeutet, Pressekonferenzen, Pressegespräche, Presseeinladungen, Pressemitteilungen, Namensbeiträge und Interviews aktiv auf vertriebsfördernde Themen zu

TRENDS

MICHAEL CREMER (54) wechselt im April 2007 nach 20 Jahren Unternehmenskommunikation und Medienarbeit für die größte kommunale Sparkasse Deutschlands (Stadtsparkasse Köln bzw., nach der Fusion 2005, der Sparkasse KölnBonn) in die Geschäftsführung der Sparkassenstiftung CSC Cologne Science Center. Er begleitet dort den Aufbau des Kölner Wissenschaftszentrums Odysseum, wo unter der Überschrift „Leben – Wissen – Zukunft" nach der Eröffnung im Dezember 2008 Wissen zur Gestaltung der Zukunft erlebbar gemacht wird. Cremer ist Fachbuchautor, Spielerfinder und Dozent für Kommunikation an verschiedenen Akademien.

erweitern. Dies erfolgt zeit- und themengleich bzw. themenähnlich zu den Themen der Vertriebskampagnen. Ergänzend dazu sollte der gute alte Redaktionsservice mit regelmäßigen Ratgeber- oder Nutzentexten wieder reaktiviert werden (sofern in der Hektik des Tagesgeschäftes untergegangen).

Ein typisches Beispiel aus dem Sparkassenbereich sind zur Reisezeit die Zahlungstipps für Urlauber. Preise und Konditionen haben Nachrichtenwert und haben zumindest bei den Preisentscheidern und zum Teil auch bei den Preissensiblen unter den Kunden eine gewisse Bedeutung; sie gehören also auch bei einer Präferenz- und Qualitätsstrategie zum Kommunikationsstandard. Das bedeutet, dass man sich auch an Konditionsumfragen der Medien beteiligt und Konditionen regelmäßig kommuniziert. Die Teilnahme an Experten-Telefonrunden der Medien sollte ebenfalls selbstverständlicher Bestandteil der Vertriebs-PR-Aktivitäten sein.

Ein wesentlicher Baustein im Instrumentenkasten der Vertriebs-PR sind Medienkooperationen

Hierzu gehören exklusive Platzierungen in einem Medium, zum Beispiel in Form von Sonderveröffentlichungen und Beilagen.

Dabei muss die Idee nicht immer von der Zeitung kommen. Vertriebs-PR wartet nicht auf Werbeangebote der Zeitung. Eigene Kreativität ist gewünscht. Als Banker müsste man eigentlich sowieso besser als jeder Journalist wissen, welche Informationen der Leser und Kunde braucht. Ein eigenes Finanzjournal, inhaltlich und zeitlich abgestimmt mit den Marketingplänen, bei dem es auch um Serviceangebote und Themen der Verbraucheraufklärung geht, kann in Kooperation mit einer regionalen Tageszeitung hervorragende Dienste im Sinne einer begleitenden redaktionellen Berichterstattung zum Beispiel bei Leuchtturmkampagnen zu Produkten oder Produktgruppen leisten.

Wenn sich ein solches Finanzjournal auch noch im Internetauftritt der Zeitung mit Verknüpfungen zum Internetangebot der Sparkasse wiederfindet und man über die Bestellung von angebotenen Ratgeber-Broschüren sogar ein Responseelement einbauen kann, kann eine solche Beilage sogar eine separate Kundenzeitung ersetzen. So ist beispielsweise eine Beilage im Handwerksblatt mit einem Leitfaden zu staatlichen Fördermitteln und Informationen zu Kreditratings allemal effektiver als eine Standardmotiv-Eckfeldanzeige.

Mit vorbereiteten Interview-Anzeigen im Stil einer redaktionellen Anzeige kann auch in einer Vorort-Zeitung ein Filialleiter aufmerksamkeitsstark zu aktuellen Themen Stellung beziehen oder konkrete Experten-Tipps geben. Im lokalen Markt der Sparkasse spielen lokale Medien (Vorort-, Viertels- und Vereinszeitschriften) eine große Rolle, werden aber meist von Kommunikationsabteilungen eher stiefmütterlich behandelt. Wenn man sich hier ein paar Gedanken macht, kann man das bisher eingesetzte Dauer-Imagewerbemotiv ohne viel Aufwand gegen einen redaktionellen Text austauschen.

Ähnliches gilt für regionale Special Interest-Titel. Dabei muss man sich nicht scheuen, auch komplexe Themen anzugehen. Die Sparkasse KölnBonn ist beispielsweise regelmäßig in einem Magazin für regionale GmbH-Geschäftsführer redaktionell vertreten und hat dort u. a. eine Serie über Eigenkapitalausstattung und Finanzierungsalternativen veröffentlicht.

Weitere Instrumente der Vertriebs-PR sind themenbezogene Nutzwert- und Serviceangebote. Dazu gehören Ratgeber-Publikationen, eigene oder mit Kooperationspartnern erstellte Studien sowie Ergebnisse aus Kundenbefragungen, die vertriebliche Themen behandeln. Diese können im Rahmen der klassischen Pressearbeit oder in PR-Sonderveröffentlichungen angekündigt oder beschrieben und von Kunden oder Nichtkunden abgerufen werden.

Award-PR

ist ebenfalls eine typische Disziplin der Vertriebs-PR. Auszeichnungen, Preise, gute Ergebnisse sind konsequent zu kommunizieren. Für Kunden bieten Awards Sicherheit: Bei der Entscheidungsvorbereitung als starkes Argument dafür – und nach der Entscheidung als Bestätigung für einen guten Kauf. Viel zu wenig eingesetzt werden bei Sparkassen Presseausschnitt-Dokumentationen mit Presseberichten aus klassischer Medienarbeit und aus PR-Sonderformen; diese können themenbezogen als Beratungsunterstützung für den Berater und als Referenzpapier für Kunden ausgehändigt werden.

Vertriebs-PR ist folglich nichts anderes als die Ausrichtung der zur Verfügung stehenden PR-Instrumente auf Vertriebsthemen. Ihr Einsatz beispielsweise auch im Bereich der Sparkassen ist nur konsequent, denn die Sparkasse der Zukunft ist eine Vertriebssparkasse. Da ist es sinnvoll, die kommunikativen Kräfte (Themen, Kapazitäten und Etatmittel) zu bündeln und in die Unterstützung der Vertriebsaktivitäten – also den Verkauf – zu stecken.

Doch selbst wenn ich die klassischen Kommunikationsinstrumente nicht wie bisher über die bevorzugt eingesetzten Kommunikationsträger und -mittel definiere, sondern (wie es sein sollte) nach dem Inhalt der Kommunikationsbotschaft entscheide, ob es sich um Public Relations, Werbung oder Verkaufsförderung handelt: Wird dann Vertriebs-PR zum Verkaufsförderungsinstrument? Wohl kaum. Aber immerhin hat sich inzwischen die Erkenntnis durchgesetzt, dass PR-Aktivitäten Botschaften sehr viel glaubwürdiger vermitteln können und in einer „Welt des Information Overflow" von Kunden und potenziellen Kunden eher akzeptiert und stärker beachtet werden als z.B. Werbemaßnahmen. PR kann also auch für Vertriebsaktivitäten wirkungssteigernd und damit absatzfördernd eingesetzt werden.

Ein Kollege hat in diesem Zusammenhang einmal geschrieben, dass Öffentlichkeitsarbeiter als verlängerter Arm des Vertriebs in der Klemme stecken würden. Wo ist das Problem? Haben da einige Kollegen und Kolleginnen vergessen, dass PR ein Kommunikationsinstrument und Kommunikation ein Marketinginstrument ist? Oder gibt es da draußen immer noch Pressesprecher und Öffentlichkeitsarbeiter, die sich als reine Vermittler zwischen Medien und Unternehmen verstehen und eher Journalist als Unternehmensvertreter sind? Die zudem die Idee der integrierten Kommunikation nicht verstehen und nichts mit Produkten, Angeboten, Preisen, Nutzenargumentationen und Kundenreklamationen zu tun haben wollen? Wohl kaum – gute Kommunikatoren wissen, dass PR unternehmensorientiert, gesellschaftsorientiert, personenorientiert und eben auch leistungsorientiert ausgerichtet sein kann.

Auf die richtige Idee kommt es an. Gute Öffentlichkeitsarbeiter beherrschen Agenda-Setting und Themenbauen. Man kann das eine tun, ohne das andere zu lassen. Und – je nach strategischer Ausrichtung – den Schwerpunkt auf einen Bereich setzen.

Public Relations und Medienarbeit müssen neben der Erfüllung von Bekanntheits- und Imagezielen auch einen konkreten Beitrag zum Erfolg der Sparkasse im Vertrieb leisten. Vertriebs-PR kann kurzfristig den Verkauf unterstützen und den Kunden Rat, Hilfe und Sicherheit bei Entscheidungen geben. Vertriebs-PR wird an Bedeutung zunehmen und ihren Platz in der Kommunikation finden – bei Sparkassen, aber auch anderswo.

AKADEMIE DES DEUTSCHEN BUCHHANDELS
Seminarreihe
»Corporate Publishing in der Praxis«

Die Seminarreihe Corporate Publishing in der Praxis wurde von der Akademie des Deutschen Buchhandels in Zusammenarbeit mit dem Branchenverband Forum Corporate Publishing im Rahmen der Qualitätsinitiative des Verbandes entwickelt.

In unserem Corporate Publishing-Folder 2007 bieten wir Ihnen Seminare und Tagungen mit den unterschiedlichsten Schwerpunktsetzungen an: Neben Veranstaltungen zu STRATEGIE, KONZEPTION und PROJEKTMANAGEMENT ergänzen Seminare zu den Themen DESIGN, TEXT, MARKETING, RECHT und NEUE MEDIEN unser aktuelles Programm. Ebenfalls Bestandteil der vorliegenden CP-Reihe sind mehrere Gipfel, die sich mit den zentralen Themen, aktuellsten Trends und neuen strategischen Ansätzen im Corporate Publishing beschäftigen.

Hier ein Überblick über aktuelle Seminare aus dieser Reihe:

- **Neue Wege der internen Kommunikation**
  am 16.-17.04.2007, Tagungsort in München
- **Corporate Blogs**
  am 25.04.2007, Tagungsort in München
- **Direktmarketing und Kundenmedien**
  am 04.05.2007, Tagungsort in München
- **Der Pitch – Professionelle Vorbereitung und Erfolgsstrategien**
  am 09.05.2007, Tagungsort in München
- **Neuromarketing im Corporate Publishing**
  am 13.06.2007, Tagungsort in München
- **Bildeinsatz im Corporate Publishing**
  am 29.06.2007, Tagungsort in München
- **Der Erfolgstest für Mitarbeiter- und Kundenmedien – Qualitative und quantitative Aspekte**
  am 12.-13.07.2007, Tagungsort in München
- **Die große Kunst der kleinen Texte – Titel, Motto und Bildunterschrift in Kundenmedien**
  am 25.-07.2007, Tagungsort in München
- **Themenfindung für Kundenzeitschriften**
  am 20.09.2007, Tagungsort in München
- **Anzeigenmarketing für Kundenzeitschriften**
  am 08.10.2007, Tagungsort in München
- **Bild- und Urheberrechte im CP**
  am 15.10.2007, Tagungsort in München
- **Community Communication im CP**
  am 26.-27.11.2007, Tagungsort in München

Bei mehreren Interessenten aus einer Firma können alle Corporate Publishing-Seminare auch als firmeninterne Veranstaltungen gebucht werden. Natürlich konzipieren wir auch Seminare zu anderen Themen nach Ihren Vorstellungen. Informationen zu unseren firmeninternen Veranstaltungen erteilt Ihnen gerne Miriam Merten, Akademie des Deutschen Buchhandels GmbH, Telefon: 089 / 29 19 53-54, E-Mail: miriam.merten@buchakademie.de

Die Seminarreihe findet statt in Kooperation mit **FORUM corporate publishing**

Feedback-Formular

☐ Bitte senden Sie mir Ihre Seminarbroschüre »Corporate Publishing in der Praxis« zu.

☐ Bitte senden Sie mir nähere Informationen zu den firmeninternen Seminaren.

Akademie des Deutschen Buchhandels
Salvatorplatz 1, 80333 München
Tel.: (089) 29 19 53 - 0, Fax (089) 29 19 53 - 69
E-Mail: info@buchakademie.de
www.buchakademie.de

Name · Vorname

PLZ · Ort

Firma · Funktion

Telefon · Fax · E-Mail

Straße · Haus-Nr.

Corporate Publishing: Blättern ist angesagt

Neue Trends und Optionen für Kunden- und Mitarbeitermagazine

Kundenmagazine sind das ideale Instrument für Markenaufbau, Kundenbindung und Cross-Selling. So lautete das Ergebnis einer Umfrage unter den Lesern – seinerzeit vornehmlich Marketingfachleute – des von der Deutschen Post AG herausgegebenen Newsletters „CP Watch" im Jahre 2003. Gleichzeitig bescheinigten die Teilnehmer Corporate-Publishing-Produkten seinerzeit eine Vielzahl positiver Attribute – insbesondere die starke Glaubwürdigkeit beim Kunden und der Aufbau von Vertrauen – und sagten eine positive Entwicklung voraus.

Herr Lücke, was hat sich bei CP seitdem verändert? Warum wurde dieser Informationskanal seinerzeit etabliert und was bietet er?

RICHARD LÜCKE: Das Corporate Publishing hat sich zu einem vielbeachteten Marketinginstrument entwickelt und weist eine der stärksten Wachstumsraten der Medienbranche auf. Die Gründe liegen nahe: Produktzyklen werden immer kürzer, Produkte immer austauschbarer – und Kunden immer wechselfreudiger. Treue Kunden werden zur Mangelware. Weil man sehr genau weiß, dass Bestandskunden die stärksten Umsatzbringer sind, haben Unternehmen sukzessive gelernt, in Kundenbindung zu investieren. Das heißt konkret: Sie investieren in das Vertrauen ihrer Kunden. Corporate Publishing ist für dieses strategische Ziel hervorragend geeignet: Es fördert einen kontinuierlichen Dialog, überzeugt – sofern es qualitativ hochwertig umgesetzt ist –, und es sorgt so für eine Basis des Vertrauens.

Leider bleibt noch immer Potenzial ungenutzt, weil Kommunikationsentscheider, vor allem in mittelständischen Unternehmen, dem Corporate Publishing mit Vorurteilen begegnen. „Zu teuer", heißt es oft, „zu komplex in der Organisation", „zu unsicher in der Wirkung."

Um diesen Vorurteilen zu begegnen, haben wir uns vor etwa zehn Jahren dazu entschlossen, den Kommunikationsentscheidern allgemeingültige Fakten, Tools und Materialien für ihre Arbeit zur Verfügung zu stellen. Damit waren wir seinerzeit Vorreiter.

So berichten wir über erfolgreiche CP-Strategien, zeigen anhand von Best Practices erfolgreiche Lösungen und begleiten die Wirkungsforschung. Wir stellen kostenlos aktuelle News, Standardwerke wie den „CP Ratgeber", ein Dienstleisterverzeichnis und ein Archiv zur Verfügung und möchten so unseren Beitrag leisten zu mehr Transparenz und mehr Vertrauen.

Gibt es Schätzungen zur Anzahl von Corporate-Publishing-Zeitschriften und -Publikationen heute? Hätten Sie sich vorstellen können, dass Corporate Publishing einmal so boomt?

RICHARD LÜCKE: Rechnete man in den neunziger Jahren mit etwa 500 Magazinen im gesamten deutschsprachigen Raum, so gehen Beobachter heute von 2.800 bis 3.000 regelmäßig erscheinenden Magazinen allein in Deutschland aus. Konkrete Zahlen gibt es leider keine, weil es ein schwieriges Unterfangen ist, diesen inhomogenen Markt überhaupt zu durchdringen.

TRENDS

RICHARD LÜCKE
Abteilungsleiter Produktmanagement Presse Distribution der Deutschen Post AG, Bonn

FRANK OHLSEN
Gf. Gesellschafter
PRH Hamburg Kommunikation GmbH, Hamburg

RAINER BURKHARDT
Gf. Gesellschafter
KircherBurkhardt GmbH, Berlin

Worauf führen Sie dieses explosionsartige Anwachsen zurück? Ist es nicht einfach ein gut klingendes Etikett für etwas, was es eigentlich schon lange gibt?

RICHARD LÜCKE: Das mir bekannte älteste Kundenmagazin ist „mx aktuell" des Löschgeräteherstellers Minimax, es wurde 1902 gegründet und erscheint noch heute. Erste Kundenmagazine sollen in den USA zum Bau der Eisenbahnen – also in der ersten Hälfte des neunzehnten Jahrhunderts – erschienen sein. Schon damals hatten sie die Aufgabe, das Vertrauen der Menschen für die neue Technik zu gewinnen. Insofern hat sich wenig geändert.

Zweifellos ist die Anforderung an Kundenbindung heute sehr viel komplexer, die Aufgaben der Magazine sind entsprechend vielschichtig. Sie sind in Dialog- und CRM-Strategien eingebunden und müssen ihre Wirkung dezidiert nachweisen können. Im Markt gibt es derzeit rund 35 Wirkungsstudien, überwiegend von renommierten Marktforschungsunternehmen wie TMS Emnid. Trotz unterschiedlicher Untersuchungsansätze kommen sie alle zu dem Ergebnis, dass Kundenmagazine die Kundenbindung und das Unternehmensimage stärken, den Dialog fördern und den Weg bereiten für neue Geschäfte.

Hat sich in der Einstellung zu Kundenmagazinen zwischenzeitlich auf Anbieter- wie auf Abnehmerseite etwas verändert? Gibt es – neben einer neuen Optik – auch neue inhaltliche Ausrichtungen?

RICHARD LÜCKE: Kundenmagazine begleiten uns alle heute sehr viel selbstverständlicher durch den Alltag als früher. Sicher liegt das auch daran, dass

Print bleibt – Jahresumfrage des Branchenportals cpwissen.de bestätigt Trend zum gedruckten Kundenmedium

Kommunikation via Kunden- und Mitarbeitermagazin wird auch in Zukunft den höchsten Stellenwert im Kundendialog haben. Dies hat die aktuelle Jahresumfrage des Branchenportals cpwissen.de ergeben. Dabei wurden 142 Unternehmen befragt: 59 herausgebende Unternehmen, 74 Agenturen und 11 Verlage. Mehrheitlich bestätigen die Vertreter aller drei Gruppen, dass sie am Printmedium festhalten wollen. Magazine behalten ihre Führungsrolle, wenngleich ihr Stellenwert unterschiedlich bewertet wird. Während Unternehmen und Verlage Kunden- und Mitarbeitermagazinen einen wachsenden bis stark wachsenden Stellenwert bescheinigen, prophezeiten 18 (von 74) Agenturen den Printmedien Stagnation, 6 sogar eine abnehmende Bedeutung im Kommunikationsmix. Demgegenüber steht die Tatsache, dass derzeit zahlreiche neue Printmedien entstehen: 62 Prozent der Befragten haben für die kommenden Monate konkrete Printprojekte in Planung – interessanterweise besonders oft Unternehmen, die bereits ein Magazin herausgeben. Zugleich weiten sich die Kommunikationsaktivitäten auf digitale Medien aus: Corporate Podcast, Blog, Handyradio, Intranet und TV/Video-Lösungen. Diese werden aber immer nur ergänzend genutzt; Print behauptet also seine Position.

Quelle: cpwissen.de

sie in den vergangenen Jahren immer besser wurden. Die Kundenmagazine, die aus dem seit nunmehr drei Jahren veranstalteten „Best of Corporate Publishing"-Award als Sieger hervorgehen, brauchen sich keineswegs hinter Fach- und Publikumszeitschriften zu verstecken.

Was die Inhalte angeht, so sind Magazine natürlich immer nur so gut, wie sie die Interessen ihrer Zielgruppen erreichen. In diesem Zusammenhang sei mir ein kurzer Hinweis auf unseren Online-Leserservice gestattet. Unter www.leserservice.de können Unternehmen unentgeltlich ihre Kundenmagazine der breiten Öffentlichkeit vorstellen: Knapp 100 Kundenmagazine lassen sich so direkt und unkompliziert abonnieren – keineswegs alle sind kostenlos. Ich kann Ihnen versichern, dass dieser Service rege genutzt wird und die Bestellungen kontinuierlich wachsen. Der Trend zum Kundenmagazin hält an.

Das starke Anwachsen von PR-Agenturen als Anbieter und Dienstleister im Bereich Corporate Publishing ist also eine logische Konsequenz auf die verstärkte Forderung nach journalistischer Aufbereitung und Umsetzung von Themen? Wo geht der Trend hin?

RICHARD LÜCKE: Der Trend geht eindeutig hin zu journalistischem Content mit hoher Marketingkompetenz.

Dass gut gemachte Kundenmagazine heute von den Empfängern durchaus ernst genommen und als Informationsquelle genutzt werden, ist nicht neu. So unterstützen beispielsweise die „HP Computer News" schon seit ca. 15 Jahren Kunden von Hewlett Packard fundiert bei der Vorbereitung von IT-Anschaffungen. Aber ist es nicht ein wenig übertrieben, Kundenmagazine als „zentrales Instrument modernen Kundenmanagements" zu deklarieren?

RICHARD LÜCKE: Dahinter steht die Philosophie, dass ein Kundenmagazin aufgrund seines regelmäßigen Erscheinens immer wieder neue Impulse in den Kundendialog bringt. Es stellt zum Beispiel regelmäßig neue IT-Lösungen vor, zeigt ihre Vorteile und bietet zugleich den Dialog über E-Mail-Adressen oder die Internet-Plattform an. Jeder Kontakt bringt Transparenz in die Wünsche der Kunden und hilft dem Unternehmen, seine Angebote weiter zu optimieren.

Gerade sind die Ergebnisse Ihrer frisch veröffentlichten CP-Jahresumfrage erschienen, in der u.a. die künftige Ausrichtung der Kundenkommunikation abgefragt wurde: Danach setzen künftig sowohl herausgebende Unternehmen und Verlage, aber auch Agenturen mehrheitlich deutlich auf Print als zentrales Medium - und zwar sowohl für die Kunden- wie auch für die Mitarbeitermagazine! Können Sie das erklären?

RICHARD LÜCKE: Die Umfrage stammt nicht von uns, sondern vom Verlag Dapamedien, der sich auf Fachinformationen zum CP-Markt spezialisiert hat. Die Ergebnisse sind nachvollziehbar. Denn bei aller Euphorie über die digitalen Medien bleibt immer dieselbe Frage offen: Wie erfährt der Nutzer vom digitalen Angebot? Print behält die Rolle des Navigators durch die Kunden- und Mitarbeiterkommunikation.

Zeigt sich hier ein Trend zu „Überzeugungstätern"? Der Umfrage zufolge geben 54 Prozent derjenigen, die ein Mitarbeitermagazin planen, bereits ein Kundenmagazin heraus, während 64 Prozent derjenigen, die demnächst ein Kundenmagazin planen, bereits regelmäßig ein Mitarbeitermagazin produzieren. Wie erklärt sich das?

RICHARD LÜCKE: Ich schätze, hier dokumentiert sich, dass man von der Wirkung der Printkommunikation überzeugt ist. Wer bereits von einem guten Kundenmagazin profitiert, interessiert sich für das Medium auch zur Mitarbeiterkommunikation und umgekehrt.

Print – Medium mit Nachhaltigkeit

Die hohe Affinität zum Medium Print scheinen aber auch andere Entwicklungen zu bestätigen. So gibt beispielsweise auch das Online-Portal eBay seit kurzem ein Printmagazin heraus.

Herr Ohlsen, was ist „seller" und an wen richtet sich das Magazin?

FRANK OHLSEN: Kurz gesagt, der „seller" richtet sich an die umsatzstärksten gewerblichen eBay-Verkäufer. Das Magazin bietet aufwändig recherchierte Themen rund um das professionelle Verkaufen auf dem Online-Marktplatz.

Gab es einen konkreten Anlass für die Entwicklung eines solchen Kundenmagazins? Welchem Zweck dient das Heft und was verspricht sich das Unternehmen davon?

FRANK OHLSEN: Zunächst einmal ist das Magazin ein klares Statement, dass die Zielgruppe für das Unternehmen wichtig ist. eBay will den so genannten Power Sellern echten Mehrwert bieten, der die Zielgruppe bei ihren Handelsaktivitäten voranbringt. Ebenfalls wichtig für eBay: Ein nachhaltiges Medium zu schaffen, welches sich von Standard-Kommunikationskanälen wie E-Mail abhebt. Diese werden nicht immer zufriedenstellend genutzt; Print bzw. gut gemachte Printprodukte genießen gerade im Geschäftsverkehr hohe Glaubwürdigkeit und Akzeptanz. Letztlich geht es aber darum, Bindung und Loyalität an die Online-Plattform zu stärken, die Marke und das Unternehmen erlebbarer zu machen.

Was ist denn das Besondere an „seller"?

FRANK OHLSEN: Das Magazin setzt in mehreren Säulen konsequent auf Individualisierung. Das beginnt mit der persönlichen Ansprache im Editorial und setzt sich auf den Nachrichtenseiten fort. Dadurch können wir nicht nur zielgenau die jeweilige Branche des Kunden inhaltlich berücksichtigen, sondern zum Beispiel auch regional wichtige Themen für den professionellen Verkäufer – Termine, Veranstaltungen, Aktionen etc. – kommunizieren.

WIR WISSEN, WIE'S GEHT.

Aus vielen Informationen machen wir zielgruppengerechte Kommunikation. Für Menschen in aller Welt.

Auf unsere Kompetenz setzen unter anderem:
ACE Auto Club Europa, arvato AG, Deutsche Post World Net, Dr. Oetker, Fédération Internationale de Football Association (FIFA), Karstadt Warenhaus GmbH, Miele, ProSiebenSat.1, RTL, TÜV SÜD, UEFA, Versandhaus Heinrich Heine GmbH.

medien*fabrik* – Kompetenz in der Kommunikation

Kontakt:
Guido Klinker +49(0)5241 - 23480-74 klinker@medienfabrik.de
Lennart Hanebrink +49(0)5241 - 23480-81 hanebrink@medienfabrik.de
Internet: www.medienfabrik.de

medien*fabrik* Gütersloh GmbH | Carl-Bertelsmann-Straße 33 | 33311 Gütersloh

medienfabrik
Gütersloh | Bonn | Berlin

Der Clou der Individualisierung aber ist eine mehrseitige individuelle Auswertung des Geschäftsverlaufs. Eingeleitet vom so genannten Category Manager erfährt der Händler alles über seine persönliche Umsatzentwicklung der vergangenen Monate, die Abverkaufsrate und die Anzahl der Besucher auf seinen Artikelseiten; zudem erhält er eine Analyse der Kundenzufriedenheit. Ergänzt wird das alles durch Hinweise auf die Top-Suchbegriffe und Trends in der jeweiligen Kategorie des Händlers. Die Kombination aus den aufwändig recherchierten Beiträgen, der Emotionalität des Mediums und dem individuellen Zuschnitt auf jeden Einzelkunden macht die große Spannweite des Magazins aus.

Ist eine solche Entwicklung nicht sehr aufwändig bzw. setzt hohe Kompetenz aller hier beteiligten Partner voraus? Wer trägt das Risiko, wenn etwas schiefgeht? Alle Empfänger sind ja letztlich Konkurrenten – und wenn interne Kundendaten beim falschen Empfänger landen ...

FRANK OHLSEN: ... geht das gar nicht, Sie haben vollkommen Recht. Gerade vor dem Hintergrund, dass sich die Zielgruppe des Magazins auf einer hochkompetitiven Plattform bewegt. Zwei Kern-Herausforderungen gilt es bei Produktion und Versand mit einer Null-Fehler-Toleranz zu meistern: Das Handling einer ständig wachsenden Datenbank und die Kombination unterschiedlicher Drucktechniken. Das Ganze funktioniert nur durch eine enge Verzahnung zwischen Unternehmen und Dienstleister, große Erfahrung auf beiden Seiten, eine ausgefeilte Technik und natürlich diverse Sicherheitsmechanismen von Prüfschleifen und Stichproben.

Noch einmal zurück zu Print als strategischem Medium für Kundenkommunikation: Ist eBay hier Vorreiter oder gibt es auch andere Firmen, die die Kundenkommunikation komplett oder teilweise von Online auf Print zurückverlagern?

FRANK OHLSEN: Ich glaube nicht, dass es darum geht, irgendetwas zurückzuverlagern. Kundenmagazine haben durch Online-Medien ja nichts von ihrer Wirkung und ihrer Bedeutung verloren. Umgekehrt bedeutet die Existenz des „seller" nicht, dass das Unternehmen auf andere Formen der elektronischen Kommunikation verzichten würde. Das Beispiel eBay zeigt vielmehr sehr anschaulich, dass es darum geht, in umfassenden Konzepten in allen Bereichen der Kommunikation zu denken. Ob elektronisch, digital oder gedruckt: Jedes dieser Medien hat im Rahmen der kommunikativen Wirkungskette seine Bedeutung und seine Stärken, die es – richtig gemacht – herauszuarbeiten und einzusetzen gilt.

Der aktuelle Trend, Leseproben von Druckschriften mit der Maus umblättern zu können, ist zwar technisch nett, aber sicher nicht innovativ. Mercedes-Benz Trucks hingegen hat gerade den Internet-Auftritt von zwei B2B-Magazinen relauncht und dabei die bisherigen Leseproben und Fotos durch so genannte eMagazine ersetzt. Wie muss man sich ein solches eMagazin vorstellen?

FRANK OHLSEN: Im Kern geht es darum, das spezifisch haptische Erlebnis des Magazins in das Medium Internet zu übertragen – verbunden damit,

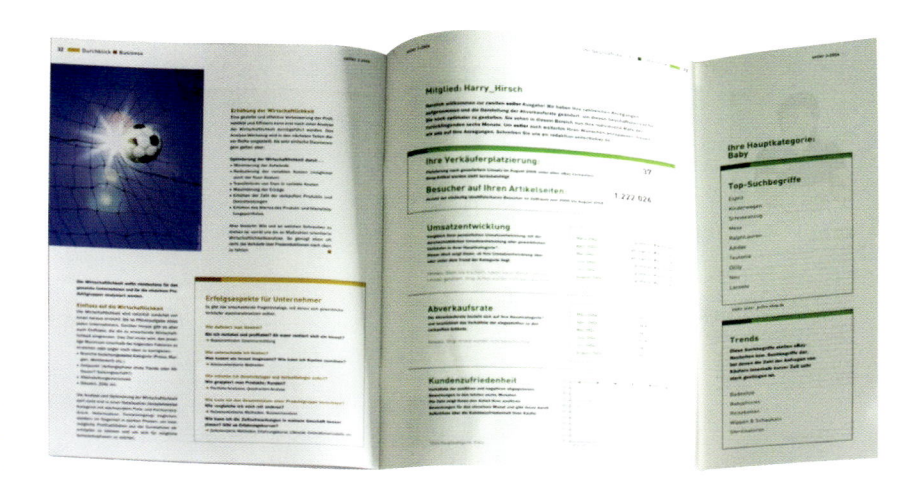

TRENDS

„seller" bietet Kunden die individuelle Auswertung ihres Geschäftsverlaufs; alle Fotos: PRH Hamburg

dass wir durch neue Technologien sehr geschmeidige Möglichkeiten haben, ein eigenes audiovisuelles Erlebnis mit viel Zusatznutzen durch weiterführende Informationen, Videobeiträge, Audio- oder Animationselemente zu schaffen. Die besondere Flughöhe des Projekts entsteht zusätzlich dadurch, dass die Magazine in bis zu acht europäischen Märkten mit eigenen länderspezifischen Inhalten erscheinen.

Und wie funktioniert das konkret?

FRANK OHLSEN: Technisch basiert jedes dieser eMagazine auf den pdf-Dateien der jeweiligen Printausgabe. Schließlich soll weder Zeit noch Budget verschwendet werden, um bereits abgestimmte Inhalte, Gestaltung und Übersetzungen erneut anzupassen. Die Herausforderung war, dass wir im Markt keine Software für die Umsetzung fanden, die den Ansprüchen eines Premiumkunden wie DaimlerChrysler genügte – das machte alles einen recht handgeschnitzten Eindruck. Also hat unser Team aus Webdesignern und Programmierern eine eigene Applikationen entwickelt. Das Ergebnis: Ein Flash-Magazin, in dem Bilder und Schriften selbst bei kleiner Dateigröße auch noch in der Zoomfunktion gestochen scharf dargestellt werden können. In Verbindung mit zahlreichen Video-, Audio- oder Animationselementen lassen sich zudem ausgesprochen kurze Ladezeiten realisieren.

Sie setzen also weiterhin auf den Bereich Print auf?

FRANK OHLSEN: Ja. Auf der inhaltlichen Ebene lässt sich im Rahmen der eMagazine Vorhandenes sehr gut nutzen und ergänzen. Und: Wir können jetzt während der Print-Recherchen bereits onlinetaugliches Material sammeln. Wir sind nicht mehr nur mit einem Redakteur und einem Fotografen vor Ort, sondern haben bei ausgewählten Reportagen jetzt auch die Videokamera dabei. Dem Kunden liegt oft professionelles Filmmaterial für gute Zwischenschnitte bereits vor. Und bei Fototerminen entstehen meist gute Bilder, für die in den Magazinen nicht genügend Platz ist. Auch aus diesen Pools lässt sich schöpfen – in Fotogalerien.

Und was sind die konkreten Ergebnisse?

FRANK OHLSEN: Das neue Konzept ist seit der IAA Nutzfahrzeuge Ende September 2006 online. Die Zugriffsstatistiken zeigten in den ersten beiden Wochen die vierfache Besucherzahl. Gegenüber der Erstausgabe haben sich die Zugriffe mehr als verdoppelt. Deutlich wird, dass die Nutzungszahlen des alten HTML-Formats längst abgehängt sind: Mit 50 Prozent mehr Wiederkehrern, einer um 400 Prozent höheren Verweildauer und 700 Prozent mehr Pageimpressions.

Welche Gründe gab es für die Veränderung? Was verspricht man sich davon?

FRANK OHLSEN: Den Entscheidern bei Mercedes-Benz Trucks sind bei dem Engagement drei übergeordnete Säulen wichtig: Man will seine Zielgruppen noch präziser erreichen, Dialoge noch unmittelbarer in die Wege leiten und die Kunden noch emotionaler an das Unternehmen und die Marke binden. Abgesehen davon sind die eMagazine in dieser Form ein wirksames Instrument, die große Bandbreite der Aktivitäten des Geschäftsbereichs und die Vielfalt der Themen in einer für den Kunden spannenden und emotionalen Form zu kommunizieren.

Sind diese Anforderungen B2B-spezifisch oder auch auf B2C übertragbar?

FRANK OHLSEN: Ich wüsste nicht, was dagegen spricht. Man sollte sich nur grundsätzlich klar machen, dass man bei der Entscheidung pro eMagazine nicht mehr hinter einen gewissen Standard zurück kann. Und der heißt: Biete Deinen Nutzern nicht nur das Abbild des gedruckten Magazins im Internet, sondern schaffe ein eigenes audiovisuelles Erlebnis, das die Möglichkeiten der neuen Technologien voll ausnutzt, zusätzliche Inhalte bietet und Deine Nutzer überrascht.

Werden solche eMagazine die Printmedien weiterhin ergänzen oder auf lange Sicht ablösen? Welche Optionen und Vorteile bietet die Vernetzung?

FRANK OHLSEN: Auch hier wäre ein einfaches „entweder – oder" zu kurz gesprungen. In der Regel werden Sie die – bei richtiger Machart – hohe Nutzungsintensität des Printmediums nicht erreichen. Die Kombination ist die Kür: Durch die Vernetzung verbessern Sie die Informationstiefe, schaffen ein Mehrwerterlebnis, bauen die Dialogfähigkeit aus und verstärken durch den konsequenten Einsatz des Mediums eMagazin die emotionale Bindung an die Marke durch einen hohen Erlebnisfaktor. Das Beispiel Mercedes-Benz Trucks belegt, dass die grundsätzliche Herausforderung darin besteht, die unterschiedlichen Kanäle gezielt mit ihren jeweiligen Stärken einzusetzen und dort, wo es Sinn macht, miteinander zu verknüpfen. Dann kann jedes Medium seine spezifischen Stärken in der Kundenansprache ausspielen.

Vom „hässlichen Entlein" zum edlen Schwan ...

Zurück zu Print. Im Gegensatz zu Kundenmagazinen, die als „Visitenkarte der externen Kommunikation" schon immer besondere Zuwendung genossen, kam Mitarbeiterzeitungen und -zeitschriften in der Vergangenheit häufig die Rolle des hässlichen Entleins zu: Von den Machern häufig als „lästige Pflichtaufgabe" und den Empfängern als kommunikativ nahezu wertlose „Vorstandspostille" abgekanzelt, litten sie lange unter schlechtem Auftritt und wenig Akzeptanz – schwierige Zeiten übrigens auch für die Jury des Internationalen Druckschriften-Wettbewerbs „Berliner Type", die zeitweise in dieser Kategorie kaum Auszeichnungen vergeben konnte. Doch dies scheint sich verändert zu haben.

Herr Burkhardt, was ist geschehen? Welchen Stellenwert haben die vorgenannten Medien im Rahmen der Mitarbeiterkommunikation heute?

RAINER BURKHARDT: Anders als bei Kundenmagazinen gibt es bei der internen Kommunikation immer noch eine Vielzahl dilettantischer Publikationen und Newsletter á la „die Sekretärin des Personalchefs hat Clipart entdeckt, der Chronistenpflicht wird mit Firmenjubiläen Genüge getan. Das Ganze wird noch angereichert mit Bildern von der Betriebsfeier".

Es gibt jedoch eine wachsende Zahl von Unternehmen, die ihre Mitarbeiter ernst nehmen und denen es wichtig ist, alle Mitarbeiter in Veränderungsprozesse mit einzubinden und mitzunehmen. In diesen Unternehmen hat auch die interne Kommunikation einen hohen Stellenwert und wird professionell, meist mit Hilfe externer Dienstleister, umgesetzt.

Gibt es Gründe, warum Mitarbeiterzeitungen und -zeitschriften nach wie vor überwiegend auf Print setzen? Ein digitaler Newsletter beispielsweise würde doch Versandkosten sparen ...

RAINER BURKHARDT: Es soll ja noch Unternehmen geben, bei denen nicht alle Mitarbeiter am Schreibtisch vor dem Bildschirm sitzen. Bei diesen Unternehmen ist Print Pflicht. Ich kenne jedoch kein Unternehmen, das professionell interne Kommunikation betreibt, das ausschließlich auf Print setzt. Crossmediale Konzepte, also Intranet und Print, sind die Zukunft der internen Kommunikation. Und dabei geht es nicht in erster Linie um das Sparen von Versandkosten, sondern um Interaktion, um Schnelligkeit usw.

Vorher – nachher: Die Mitarbeiterzeitung der Bahn ...

TRENDS

Qualität ist auch nie eine Frage des Mediums, sondern immer der Inhalte und wie diese umgesetzt werden.

Sind der höhere strategische Wert und der intensivere Einsatz von Mitarbeiterzeitungen und -zeitschriften eine Folge veränderter Einstellungen auf Unternehmensseite? Oder wird heute einfach mehr Geld in die Hand genommen?

RAINER BURKHARDT: Der involvierte und informierte Mitarbeiter, der sich mit den Zielen des Unternehmens identifiziert, ist von großer strategischer Bedeutung für das Unternehmen. Er ist sogar ein entscheidender Wettbewerbsvorteil. Er ist in guten Zeiten produktiver und in schlechten Zeiten loyaler. In einer amerikanischen Studie wurde sogar festgestellt, dass Unternehmen mit einer effizienten internen Kommunikation durchschnittlich 11 Prozent mehr Dividende ausschütten als Unternehmen mit ineffizienter internen Kommunikation. Da muss man gar nicht anfangen zu rechnen, das lohnt sich immer!

Zudem waren früher Veränderungsprozesse eher punktuell, da stellte man sich auf die neue Situation ein und hatte dann wieder ein paar Jahre Ruhe. Heute muss jedes Unternehmen permanent Veränderungsprozesse aktiv gestalten und das wird sich auch nicht mehr ändern. Nur Unternehmen, deren Mitarbeiter diese Veränderungen nachvollziehen und umsetzen, bleiben auf Dauer erfolgreich.

Was hat sich bei den Mitarbeitern verändert?

RAINER BURKHARDT: Bei den Mitarbeitern hat sich wahrscheinlich gar nicht so viel verändert. Engagierte Mitarbeiter haben schon immer Offenheit, Mitsprache und Transparenz gefordert. Da sich Unternehmen heute aber immer schneller ändern, bekommt interne Kommunikation eine viel größere strategische Bedeutung, um diese Bedürfnisse zu befriedigen.

Was muss eine gut gemachte Mitarbeiterzeitschrift/-zeitung heute leisten, um „anzukommen"?

... und die des Flughafens Frankfurt/Main.
alle Fotos: KircherBurkhardt

Und wie kann sie sich im Wettbewerb mit anderen Medien behaupten?

Sie muss sich Professionalität leisten, sonst hat sie gegen den Flurfunk keine Chance, denn auch ein Mitarbeiter liest nur, was ihn interessiert. Folgen Sie einfach dem Gedanken, dass das Medium auch am Kiosk bestehen können müsste. Einen 5-spaltigen Artikel, in dem der CEO sagt wie toll doch alles ist ohne Bild, Zwischenüberschrift und Infografik liest und glaubt heute niemand mehr. Eigentlich gar nicht so verwunderlich.

Ist das denn realistisch? Nicht jede Firma, die dem Medium positiv gegenübersteht, kann externe Redaktionsteams, Fotografen oder eine Agentur bezahlen ...

RAINER BURKHARDT: Die Frage ist doch viel mehr: Wie viele illoyale und damit unproduktive Mitarbeiter kann sich eine Firma leisten? Gute interne Kommunikation kann ja auch persönlich, auf einem Event oder am „Schwarzen Brett" stattfinden. Aber egal wie hoch das Budget ist, sie muss professionell gemacht werden und den Mitarbeiter ernst nehmen.

Wie kann man Nachhaltigkeit und Erfolg von Mitarbeiterzeitungen und -zeitschriften messen? Wird dies bereits praktiziert oder scheuen sich die Unternehmen davor?

RAINER BURKHARDT: Mitarbeiterbefragungen, die spezifisch für das Unternehmen konzipiert werden, sind natürlich die beste Methode. Nur so kann man feststellen, welche Unternehmensziele beim Mitarbeiter angekommen sind und wie stark das „Internal Branding" ist. Das wird in vielen Unternehmen praktiziert. Weitere Indikatoren sind Fluktuation und die Attraktivität als Arbeitgeber für Nachwuchskräfte.

Wie ist es mit unterschiedlichen Lese- und Nutzergewohnheiten? Werden hier in Abhängigkeit von der Position im Unternehmen unterschiedliche Fassungen herausgegeben? Büroangestellte und beispielsweise Fabrikarbeiter haben doch sicher andere Erwartungen und Interessen, wahrscheinlich auch ein anderes Sprachniveau. Woran orientiert man sich?

RAINER BURKHARDT: So schwierig ist das gar nicht. Fabrikarbeiter sollte man nicht unterschätzen – und Führungskräfte freuen sich auch, wenn sie richtiges Deutsch lesen dürfen und keine Power-Point-Charts in „geschwurbeltem Denglisch" durcharbeiten müssen. Unterschiedliche Fassungen sind da gar nicht notwendig. Lediglich das Themenspektrum ist bei Führungskräften umfangreicher, aber diesen Bedarf kann man gut durch Events oder einen Führungskräfte-Newsletter als E-Mail abdecken. Für alle Mitarbeiter gilt: Der fünfspaltige Artikel ohne Bild ist der Grabstein der Kommunikation!

Wie nutzen Mitarbeiter die Unternehmensmedien und wie stark ist deren Multiplikatorenfunktion über das Unternehmen hinaus?

RAINER BURKHARDT: In Deutschland nehmen fast alle Mitarbeiter die Unternehmenszeitung mit nach Hause – entweder um sie in Ruhe zu lesen oder Teile der Familie und dem Bekanntenkreis zu zeigen. In Großbritannien würde das z.B. niemand tun, da werden interne Medien nur am Arbeitsplatz gelesen.

Wie wird es künftig mit der Finanzierung aussehen? Content und Diversifizierung mögen zwar pro Kundenbindung sein – aber stehen sie nicht der Wirtschaftlichkeit entgegen? Mit welchen Maßnahmen versuchen die Unternehmen, die Kosten für die zum Teil sehr aufwändigen gestalterischen und inhaltlichen Anstrengungen im Griff zu behalten? Oder gibt es etwas anderes, was diese Kosten wettmacht und als „return on investment" angesehen wird?

Kundenmagazine und Mitarbeitermedien sind Instrumente der Marketingkommunikation oder der Unternehmenskommunikation und brauchen Budgets. Wer glaubt, das zum Nulltarif über Anzeigenrefinanzierung haben zu können, wird scheitern (einzige Ausnahme Lufthansa Magazin).

Meine Herren, ich danke für das Gespräch.

DEUTSCHE POST AG
Die Presse Distribution der Deutschen Post ist ein wichtiges Geschäftsfeld des Unternehmens. Sie verteilt jährlich ca. elf Prozent aller Presseprodukte in der Bundesrepublik (2,1 Mrd. Stück).

PRH HAMBURG KOMMUNIKATION GMBH
Zum Kerngeschäft der PRH gehören neben der Konzeption und Realisierung von Kunden- und Mitarbeiterzeitschriften die Betreuung von Online-Portalen und Einzelpublikationen. Als beratender Dienstleister hat sie sich auf die Bereiche Unternehmensliteratur, Wirkung und Erfolgskontrolle sowie Verknüpfung mit Neuen Medien spezialisiert und betreut u.a. Mandate für Daimler-Chrysler, eBay, Lufthansa Cargo, E.R. Schiffahrt und Görtz.

KIRCHERBURKHARDT
Die nach ihren Inhabern benannte Kreativ-Agentur KircherBurkhardt wurde im Jahr 2000 in Berlin gegründet. Die Agentur entwickelt Print- und Onlinekonzepte für Zeitungen und Publikumsmagazine; zudem entwickelt und realisiert sie Kundenmagazine und Mitarbeiterzeitschriften. Im Bereich Corporate Publishing arbeitet die Agentur u.a. für die Bahn, die Sparkasse sowie das Logistikunternehmen Stinnes.

TRENDS

Nützliche vertiefende Informationen zum Bereich Corporate Publishing

CP WISSEN
Umfassendes Branchen- und Netzwerkportal zu Corporate Publishing; mit aktuellen Meldungen, Expertenforum, Technik-Schwerpunkten, Dienstleister-Präsentationen sowie vielen Fallbeispielen und Studienergebnissen rund um den Einsatz von Print- und digitalen Medien in der Unternehmenskommunikation. Details unter: www.cpwissen.de

CP RATGEBER
Dieses „Standardwerk des Corporate Publishing" führt durch den gesamten Produktionsprozess eines Unternehmensmagazins – von der Konzeption über Redaktion, Anzeigenvermarktung, Druckvorstufe und Druck bis hin zum Vertrieb.
PDF-Datei (144 S.) zum kostenfreien Download unter: www.deutsche-post.de/cp-ratgeber

CP WATCH
Kostenloser Online-Newsletter zu aktuellen Entwicklungen einzelner Projekte im Corporate Publishing inklusive regelmäßiger Kurznews aus der Branche. Registrierung unter: www.deutschepost.de/cp-watch

CP ANALYSE
Schnelle und umfassende Information über den Markt im Corporate Publishing; beinhaltet unter den Rubriken „Studien", „Strategien" und „Services" – in chronologischer Abfolge und nach Branchen sortiert – alle relevanten Beiträge aus CP Watch. Ca. 300 Seiten, monatliche Aktualisierung; PDF-Datei zum kostenlosen Download unter: www.deutschepost.de/cp-analyse

CP SHOP
Kostenlose Online-Plattform; bietet Unternehmen die Möglichkeit, Interessenten entgeltfreie oder entgeltpflichtige Kundenzeitschriften als Leseprobe oder als Abo anzubieten, www.deutschepost.de/cp-shop

37. Berliner Type

Der Wettbewerb im Überblick

48 Der Award

50 Statistik, Veranstalter, Ansprechpartner
51 Das Ranking
52 Die Gewinner
56 Die Jury
57 Jurystatement

58 Die ausgezeichneten Arbeiten

60 Grand Prix
64 Gold
70 Silber
84 Bronze
98 Diplom

BERLINER TYPE 2006

Award

37. Berliner Type

Der Wettbewerb im Überblick

Statistik

Einreichungen		
nach Ländern		
Deutschland	Österreich	Schweiz
207	10	5

Kategorie		Anzahl Einreichungen
B2C		
1,1	Werbung	25
1,2	Public Relations	7
1,3	Verkaufsförderung	10
1,4	Sonstige	52
	Gesamt B2C	**94**
B2B		
2,1	Werbung	40
2,2	Public Relations	13
2,3	Verkaufsförderung	4
2,4	Mitarbeiterkommunikation	11
2,5	Investor Relations	30
2,6	Sonstige	30
	Gesamt B2B	**128**
Gesamt Wettbewerb		**222**

Der Wettbewerb

Wettbewerb

Berliner Type –
Internationaler Druckschriften-Wettbewerb

Veranstalter

AwardsUnlimited –
Wettbewerbeteam O.E. Bingel
Im Tokayer 15
D-65760 Eschborn
www.awardsunlimited.eu

Ansprechpartner

Tanja Brendel-Wanka
Telefon: +49 (0) 6173.608 606
Telefax: +49 (0) 6173.608 603
type@awardsunlimited.eu

Online-Ausschreibung

www.berliner-type.eu

Das Ranking

Agentur/Einreicher	GP	Gold	Silber	Bronze	Diplom	Gesamt
Anzahl der Punkte pro verliehenem Award	7	5	3	2	1	
Strichpunkt GmbH	X		XXX	X	X	19
häfelinger + wagner design gmbh		X			XXX	8
BBDO Stuttgart GmbH		X				5
KOCHAN & PARTNER GmbH			X		X	4
Heye & Partner GmbH			X			3
Simon & Goetz Design GmbH & Co. KG			X			3
HOFFMANN UND CAMPE Corporate Publishing				X	X	3
New Cat Orange				X	X	3
Verlag Hermann Schmidt Mainz GmbH & Co. KG				X	X	3
Büro Hamburg JK. PW. Gesellschaft f. Kommunikationsdesign				X		2
büro uebele visuelle kommunikation				X		2
section.d design.communication gmbh				X		2
design hoch drei GmbH & Co. KG					XX	2
Josephine Prokop – Corporate Branding					XX	2
KW43 BRANDDESIGN					XX	2
Werbung etc. Werbeagentur AG					XX	2
3Z Informationsgrafik und Architektur					X	1
Claus Koch™					X	1
DIE CREW AG Werbeagentur					X	1
Dorten Bauer					X	1
Hilger & Boie GmbH (für Heidelberger Druckmaschinen AG)					X	1
klink, liedig werbeagentur gmbh					X	1
KMS Team GmbH					X	1
Montfort Werbung					X	1
Oktober Kommunikationsdesign GmbH					X	1
RTS Rieger Team Werbeagentur GmbH					X	1
Scheufele Kommunikationsagentur GmbH					X	1
Scholz & Friends Berlin GmbH					X	1
SHANGHAI DGM Werbeagentur GmbH & Co. KG					X	1
SIGN Kommunikation GmbH					X	1
Springer & Jacoby Werbeagentur (für DaimlerChrysler AG)					X	1
vonbremen, Kommunikationsdesign					X	1
Wild – Agentur für Kommunikation					X	1
Gesamt	1	2	6	7	33	82

Die Gewinner

Grand Prix

Nonplusultra – Wandkalender 2006
PAPIERFABRIK SCHEUFELEN GMBH + CO. KG
Strichpunkt GmbH
(B2B Wandkalender)

Gold

Discover Steel #2 China, Begegnungen
**THYSSENKRUPP AG,
THYSSENKRUPP STEEL AG,
THYSSENKRUPP STAINLESS AG**
häfelinger + wagner design gmbh
(B2B Imagebuch)

„Cicero lebt"
**CICERO. WERKSTUDIO
FÜR SCHRIFTGESTALTUNG**
BBDO Stuttgart GmbH
(B2B Imagebuch)

Silber

FORM:ETHIK Ein Brevier für Gestalter
DESIGNAFAIRS, GMBH
KOCHAN & PARTNER GmbH
(B2C Imagebuch)

INSTANT Nr. 57: „Männer am Rande
des Nervenzusammenbruchs"
INSTANT CORPORATE CULTURE
Heye & Partner GmbH
(B2C Imagebroschüre)

Das Gipfelbuch – Diary 2005
PAPIERFABRIK SCHEUFELEN GMBG + CO. KG
Strichpunkt GmbH
(B2B Produktbuch)

150 years of independence – 150 years of future:
Das Scheufelen Jubiläumsbuch 2005
PAPIERFABRIK SCHEUFELEN GMBH + CO. KG
Strichpunkt GmbH
(B2B Jubiläumsbuch)

fff – finest facts & figures
**VERLAG HERMANN SCHMIDT MAINZ
GMBH & CO. KG**
Strichpunkt GmbH
(B2C Dokumentation)

„215plus/216plus" –
Ein Magazin für die besondere Perspektive
SAL. OPPENHEIM JR. & CIE. KGAA
Simon & Goetz Design GmbH & Co. KG
(B2C Kundenmagazin)

GEWINNER

Bronze

„Herzblut"
DMS DIRECT MAIL SERVICE GMBH
New Cat Orange
(B2B Imagebroschüre)

Burgtheater Saisonvorschau 2005/2006
BURGTHEATER GMBH
section.d design.communication gmbh
(B2C Imagebroschüre)

Freistil 2 – Best of European
Commercial Illustration
**VERLAG HERMANN SCHMIDT MAINZ
GMBH & CO. KG**
Verlag Hermann Schmidt Mainz GmbH & Co. KG
(B2B Dokumentation)

Jahresbericht 2004
Evangelische Stiftung Alsterdorf
**VORSTAND DER EVANGELISCHEN STIFTUNG
ALSTERDORF**
büro uebele visuelle kommunikation
(B2B Geschäftsbericht)

Wege – Geschäftsbericht 2003/2004
SCHLOTT GRUPPE AG
Strichpunkt GmbH
(B2B Geschäftsbericht)

MINIInternational
**BAYERISCHE MOTOREN WERKE AG,
MINI BRAND MANAGEMENT**
HOFFMANN UND CAMPE Corporate Publishing
(B2C Kundenmagazin)

Greenpeace Magazin 1/06 „Tu was!"
GREENPEACE MEDIA GMBH
Büro Hamburg JK. PW.
Gesellschaft für Kommunikationsdesign mbH
(B2C Mitgliedermagazin)

Diplom

Dreifachdiplom
Design/Typografie/Fotografie

„Gemeinsam wachsen"
ThyssenKrupp Geschäftsbericht 2004_2005
THYSSENKRUPP AG
häfelinger + wagner design gmbh
(B2B Geschäftsbericht)

Doppeldiplom
Konzeption/Reproduktion/Druck

Raindance Royale AIR
HANSGROHE AG
Werbung etc. Werbeagentur AG
(B2C Produktbroschüre)

Doppeldiplom
Design/Illustration

Denkheft DIKIIDI
Josephine Prokop – Struktur und Dekoration
**JOSEPHINE PROKOP –
CORPORATE BRANDING**
Josephine Prokop – Corporate Branding
(B2B Imagebroschüre)

Doppeldiplom
Design/Typografie

Maul-Tasche. Sag, was Sache ist.
DESIGN HOCH DREI GMBH & CO. KG
design hoch drei GmbH & Co. KG
(B2C Mailing)

Diplom

Konzeption

KMS PRESENTS
KMS TEAM GMBH
KMS Team GmbH
(B2B Imagebuch)

Informations- und Trainingsunterlagen
zur MINI Kernzielgruppe:
OPEN UP YOUR TARGET GROUP
BMW AG
klink, liedig werbeagentur gmbh
(B2B Imagebroschüre)

ThyssenKrupp Elevator TWIN
THYSSENKRUPP ELEVATOR AG
RTS Rieger Team Werbeagentur GmbH
(B2B Produktbroschüre)

Broschüre „CLK DTM AMG Cabriolet"
MERCEDES-AMG GMBH
SHANGHAI DGM Werbeagentur GmbH & Co. KG
(B2C Produktbroschüre)

Motiv-ator
NEW CAT ORANGE
New Cat Orange
(B2C Produktbroschüre)

Die Meissen ab 18 Broschüre
STAATLICHE PORZELLAN-MANUFAKTUR MEISSEN GMBH
Scholz & Friends Berlin GmbH
(B2C Produktbroschüre)

Das Jahrbuch des Art Directors Club
für Deutschland e. V. 2005
ADC VERLAG GMBH
Strichpunkt GmbH
(B2B Jahrbuch)

TypeSelect – Der Schriftenfächer
VERLAG HERMANN SCHMIDT MAINZ GMBH & CO. KG
Verlag Hermann Schmidt Mainz GmbH & Co. KG
(B2C Produktkatalog)

Bericht der Sächsischen Aufbaubank
für das Jahr 2004
**SÄCHSISCHE AUFBAUBANK
– FÖRDERBANK –**
Wild – Agentur für Kommunikation
(B2B Geschäftsbericht)

GfK Geschäftsbericht 2004
GFK AG
Scheufele Kommunikationsagentur GmbH
(B2B Geschäftsbericht)

BMW Magazin special. Der neue 3er
BAYERISCHE MOTOREN WERKE AG
HOFFMANN UND CAMPE Corporate Publishing
(B2C Kundenmagazin)

100 DAYS Corporate Design
100 DAYS
Dorten Bauer
(B2B Mailing)

Mercedes-Benz S-Klasse
Launch, One-to-One Maßnahmen
DAIMLERCHRYSLER AG
Springer & Jacoby Werbeagentur GmbH & Co. KG
(B2C Mailing)

GEWINNER

Text

Unser Leitbild
STRÖER OUT-OF-HOME MEDIA AG
vonbremen, Kommunikationsdesign
(B2B Imagebroschüre)

Typografische Briefe
KOCHAN & PARTNER GMBH
KOCHAN & PARTNER GmbH
(B2B Imagebroschüre)

Grischata, Graubünden zwischen Wahn und Wirklichkeit
3Z INFORMATIONSGRAFIK UND ARCHITEKTUR
3Z Informationsgrafik und Architektur
(B2C Imagebroschüre)

Design

Contemporary Rug Art
Katalog Jan Kath
JAN KATH GMBH
Oktober Kommunikationsdesign GmbH
(B2C Ausstellungskatalog)

Zeitreisen 2006
CLAUS KOCH™
Claus Koch™
(B2B Kalender)

Illustration

Blanko/Buch
ARCTIC PAPER DEUTSCHLAND GMBH
SIGN Kommunikation GmbH
(B2B Produktbroschüre)

Druck

Imagebroschüre C.O.D. Damenjeans
JOKER, JÜRGEN BERNLÖHR GMBH
DIE CREW AG Werbeagentur
(B2C Produktbroschüre)

Porsche Design Imagebroschüre
**PORSCHE LIZENZ- UND
HANDELSGESELLSCHAFT MBH & CO. KG**
KW43 BRANDDESIGN
(B2C Imagebroschüre)

Porsche Design Uhrenbroschüre
**PORSCHE LIZENZ- UND
HANDELSGESELLSCHAFT MBH & CO. KG**
KW43 BRANDDESIGN
(B2C Produktbroschüre)

Buchbinderische Verarbeitung

KUNDEN.MÄRKTE.PERFORMANCE
GILDEMEISTER AG
Montfort Werbung
(B2B Geschäftsbericht)

Geschäftsbericht 2004/2005
der Heidelberger Druckmaschinen
Aktiengesellschaft
**HEIDELBERGER DRUCKMASCHINEN AG,
INVESTOR RELATIONS**
Hilger & Boie GmbH, Büro für Gestaltung
(B2B Geschäftsbericht)

Die Jury

JOACHIM BEIGEL
Color Druck Leimen GmbH

MICHAEL CREMER
Sparkasse KölnBonn

CHRISTIAN DAUL
Young & Rubicam GmbH & Co. KG

FRANZ ENGELEN
B.O.S.S Druck & Medien GmbH

JOHANN FREILINGER
SAP AG

NORBERT HEROLD
Heye & Partner GmbH

ROGER JUNG
Sanofi-Aventis Deutschland GmbH

KITTY KAHANE
Illustratorin

BORIS KOCHAN
Kochan & Partner GmbH

MARKUS KÖNIG
RAG Aktiengesellschaft

BIRGIT LAUBE
Varus Verlag

PROF. IVICA MAKSIMOVIC
Maksimovic & Partners

HANS-JÜRGEN MOERS
muehlhaus & moers
kommunikation gmbh

BERND REHLING
Graphischer Betrieb Rehling GmbH

MARTIN SCHULZ
Change Communication GmbH

FRANK SCHUMACHER
Fotograf

FRANZ-RUDOLF VOGL
DIV Vogl GmbH

FRANK WAGNER
häfelinger + wagner design gmbh

JURY

PROF. IVICA MAKSIMOVIC
Creative Director
Maksimovic & Partners
Agentur für Werbung
und Design GmbH

Die opulente Sachlichkeit

Tendenzen, Mut und neue Kreuzungen

E in wenig schade ist es schon, dass es nicht mehr Einsendungen bei der 37. Berliner Type gab. Aber das ausgesprochen hohe Niveau sowohl der eingereichten als auch der ausgezeichneten Arbeiten ist ein mehr als befriedigender Ausgleich dafür.

Besonders hervorzuheben ist in diesem Jahrgang der Bereich „Geschäftsberichte und Jahrespublikationen von Unternehmen", der mit überraschend experimentellen Ansätzen überzeugte. Der Eindruck, dass einigen Studios eine neue Art der Zusammenstellung gelingt, ist nicht von der Hand zu weisen. Die sensible Wahl von Material und Papier, kombiniert mit hoher Druckqualität ließ Lösungen entstehen, die vor allem von einem zeugen: dem wachsenden Mut der Unternehmen. Eine erfreuliche Tendenz, die das Gestalterherz höher schlagen lässt. Wenn man noch vor einigen Jahren versuchte, dem Kunden ein halbwegs progressives Artwork zu verkaufen und ihn von den eingetretenen, vermeintlich zielgruppenorientierten Pfaden wegzulocken, wusste man verdammt genau, dass man gegen Windmühlen kämpft – und tat es trotzdem. Schließlich zog man für gutes Design in die Schlacht. Heute scheinen selbst die großen Konzerne mehr Offenheit zu zeigen. Man wagt es kaum zu glauben, aber die eingesandten Arbeiten beweisen es. Tatsächlich.

Vielleicht liegt es daran, dass eine neue Art der Kreuzungsfreude in der Gestaltung aufzukeimen scheint, die Unternehmen die Möglichkeit gibt, sich sowohl seriös als auch modern zu präsentieren. Auf eine Art, die sie verstehen. In der sie sich wiederfinden. Ein gestalterisches „Sowohl-als-auch", das funktioniert, ohne dass zugunsten des größten gemeinsamen Nenners glattgebügelt wurde. Viele der diesjährigen Einsendungen schaffen dieses Kunststück. Auf ganz unterschiedliche Art. Klassische Elemente werden modern intepretiert, moderne Stilmittel klassisch reduziert. Typografie darf auch mal ruhig sein, ganz bewusst, versteht sich, um dann durch ein überbordendes Umfeld spannungsgeladen nach vorne zu brechen – gefördert durch die eigene Stille. Oder, im umgekehrten Fall, durch exzentrische Selbstdarstellung auf beinahe leerer Bühne überzeugen. Die einzelnen Aspekte der Gestaltung, wie etwa Bild und Text, kämpfen nicht mehr gegeneinander, sondern vereinen sich zu einer sich gegenseitig tragenden Kraft. Und können sowohl neben- als auch miteinander wirken.

Dennoch ist es auch hier, wie eigentlich in allen Lebensbereichen, eine Frage der richtigen Dosierung. Es ist schön, zu sehen, dass so viele Gestalter, Designer und Typografen der Jetzt-Generation wissen, wieviel zu viel ist. Und wieviel genau richtig ist, ohne dass es fade wird. Denn so werden wir auch in den kommenden Jahren in den Genuss einer in der Gewichtung der Stilmittel perfekt abgestimmten Gestaltungswelt kommen. Weder zu verspielt, noch zu nüchtern, sondern die beste Mischung aus beidem: die opulente Sachlichkeit.

58 | 59

Die ausgezeichneten Arbeiten

60 Grand Prix
64 Gold
70 Silber
84 Bronze
98 Diplom

BERLINER TYPE 2006

Arbeiten

60 | 61

Nonplusultra – Wandkalender 2006
PAPIERFABRIK SCHEUFELEN GMBH + CO. KG
Strichpunkt GmbH
(B2B Wandkalender)

BERLINER TYPE 2006

Grand Prix

B2B Wandkalender

62 | 63

TITEL EINREICHUNG
Nonplusultra – Wandkalender 2006

ZIELGRUPPE
Agenturen, Druckereien, Handelspartner, Mitarbeiter u. a.

KOMMUNIKATIONSZIEL
Für den Wandkalender 2006 setzte Strichpunkt 150 Jahre alte Chromolithographien aus der Sammlung Kurt Weidemann hochwertig in Szene: ergänzt um zeitgemäßes Design in weiß auf weiß in diversen Veredelungstechniken präsentiert der Scheufelen Kalender das non plus ultra in der aktuellen Papiermacher-, Reproduktions- und Druckkunst.

AUFTRAGGEBER
Papierfabrik Scheufelen GmbH + Co. KG

VERANTWORTLICH
Marketingleitung: Irmgard Glanz

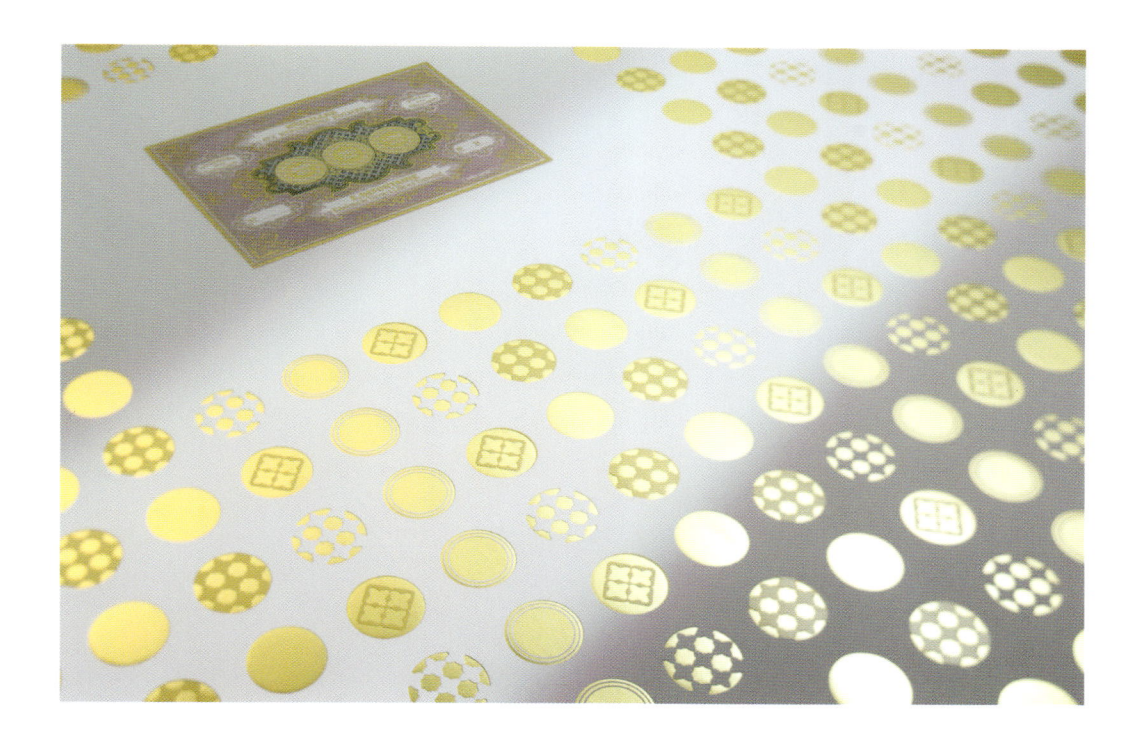

GRAND PRIX

AGENTUR
Strichpunkt GmbH

VERANTWORTLICH
CD: Kirsten Dietz, Jochen Rädeker
AD: Kirsten Dietz
Design: Susanne Hörner, Felix Widmaier
Illustration: Susanne Hörner

Kundenberatung: Jochen Rädeker, Jeannette Kohnle
Druck: Grafisches Zentrum Drucktechnik, Ditzingen-Heimerdingen

JURYBEGRÜNDUNG
Dieses Druckwerk aus der Sammlung Weidemann hat die Höchstzahl der überhaupt möglichen Werte in allen Leistungsbereichen erzielt. Es ist beispielhaft und hält jedem Vergleich stand.

64 | 65

Discover Steel #2 China, Begegnungen
**THYSSENKRUPP AG, THYSSENKRUPP STEEL AG,
THYSSENKRUPP STAINLESS AG**
häfelinger + wagner design gmbh
(B2B Imagebuch)

„Cicero lebt"
CICERO. WERKSTUDIO FÜR SCHRIFTGESTALTUNG
BBDO Stuttgart GmbH
(B2B Imagebuch)

BERLINER TYPE 2006

Gold

B2B Imagebuch

TITEL EINREICHUNG
Discover Steel #2 China, Begegnungen

ZIELGRUPPE
Ein ausgewählter Personenkreis aus Politik, Wirtschaft und Verbänden, Kunden und Geschäftspartnern weltweit.

KOMMUNIKATIONSZIEL
Die Buchreihe „Discover Steel" beleuchtet die internationalen Standorte der Stahlaktivitäten von ThyssenKrupp aus verschiedenen Blickwinkeln. Zielsetzung der Buchreihe ist es, Denkanstöße zu geben, neue Sichtweisen zu eröffnen und den High-Tech Werkstoff Stahl immer wieder neu und überraschend erlebbar zu machen. Der Unternehmenslogan des Stahlsegments „Wir denken Stahl weiter" wird dabei in einer künstlerisch-literarischen Ebene umgesetzt. Discover Steel #2, China ist ein Buch geworden, das für einen Konzern wie ThyssenKrupp auf den ersten Blick nicht selbstverständlich erscheint. Unter dem Titel „Begegnungen" haben ein östliches und ein westliches Fotografen- und Autorenteam China bereist, um Menschen zu besuchen, die mit dem Werkstoff Stahl und ThyssenKrupp beruflich oder privat in Verbindung stehen. Dabei beleuchtete jedes Team die jeweils andere Kultur. Nicht Zahlen und Fakten stehen im Mittelpunkt, sondern Menschen, die den Erfolg des Konzerns in China mitprägen. Die beiden Teams besuchten Künstler und Manager, sprachen mit Kindern, Fensterputzern und Ingenieuren. Sie kletterten auf Wolkenkratzer und fuhren durch Unterwasserzoos. Entstanden ist daraus eine neue, faszinierende Perspektive: Ein Buch über Begegnungen von Menschen und Kulturen.

GOLD

AUFTRAGGEBER
ThyssenKrupp AG, ThyssenKrupp Steel AG, ThyssenKrupp Stainless AG

VERANTWORTLICH
Head of Corporate Branding and Publishing:
Barbara Scholten
Zentralabteilung Kommunikation:
Erwin Schneider

AGENTUR
häfelinger + wagner design gmbh

VERANTWORTLICH
CD: Annette Häfelinger
AD: Kerstin Weidemeyer
Design: Kurt Steinebrunner

JURYBEGRÜNDUNG
Diese Druckschrift hat die Juroren redaktionell und konzeptionell überzeugt. Vielschichtig wird hier Emotionalität auf einem hohen Niveau vermittelt. Menschen aus zwei verschiedenen Kulturen sprechen authentisch und glaubwürdig über Inhalte. Das Werk transportiert zugleich Unternehmenswerte auf seriöse und zeitgemäße Art.
All dies – in erstaunlicher literarischer Qualität – überrascht und fordert den Betrachter/Leser. Mit der Kombination des Begriffspaares „Menschen und Technik" ist aber nicht nur ein „konzeptioneller Volltreffer", sondern ein zugleich optisches wie haptisches Erlebnis gelungen. So sind Auswahl und Anwendung der verwendeten, höchst unterschiedlichen Papiere sehr gelungen; dies stellte zudem hohe Anforderungen an die Verarbeitung. Das Werk hat das Zeug zum modernen Klassiker.

B2B Imagebuch

TITEL EINREICHUNG
„Cicero lebt"

ZIELGRUPPE
Aussendung an Werbeagenturen und die Industrie

KOMMUNIKATIONSZIEL
Cicero, eines der letzten High-End-Satzstudios, macht mit dem Buch „Meilensteine" klar, dass typografische Qualität nicht ausgestorben ist. Cicero lebt!

AUFTRAGGEBER
Cicero. Werkstudio für Schriftgestaltung

VERANTWORTLICH
Geschäftsführung: Wolfgang Schif

GOLD

AGENTUR
BBDO Stuttgart GmbH

VERANTWORTLICH
CD: Armin Jochum, Andreas Rell, Jörg Bauer
AD: Armin Jochum, Jörg Bauer
Text: Andreas Rell
Kundenberatung: Andreas Rauscher
Produktion/Satz: Wolfgang Schif

JURYBEGRÜNDUNG
Eine kleine Kulturgeschichte der Schriftkunst: Meilensteine auf dem Weg – zu Cicero (und damit zum Urheber/Absender dieser Broschüre). Hier wird mehr als eine tolle Idee sichtbar – es stimmt einfach alles. Die Broschüre erinnert daran, was die Branche alles verloren hat (Gedenksteine) – und führt plakativ vor Augen, dass Cicero diese Qualitäten nicht nur bewahrt hat, sondern der Branche durch ihre eigene Arbeit zurückgibt. Gold.

FORM:ETHIK Ein Brevier für Gestalter
DESIGNAFAIRS, GMBH
KOCHAN & PARTNER GmbH
(B2C Imagebuch)

INSTANT Nr. 57: „Männer am Rande
des Nervenzusammenbruchs"
INSTANT CORPORATE CULTURE
Heye & Partner GmbH
(B2C Imagebroschüre)

Das Gipfelbuch – Diary 2005
PAPIERFABRIK SCHEUFELEN GMBG + CO. KG
Strichpunkt GmbH
(B2B Produktbuch)

150 years of independence – 150 years of future:
Das Scheufelen Jubiläumsbuch 2005
PAPIERFABRIK SCHEUFELEN GMBH + CO. KG
Strichpunkt GmbH
(B2B Jubiläumsbuch)

fff – finest facts & figures
VERLAG HERMANN SCHMIDT MAINZ GMBH & CO. KG
Strichpunkt GmbH
(B2C Dokumentation)

„215plus/216plus" –
Ein Magazin für die besondere Perspektive
SAL. OPPENHEIM JR. & CIE. KGAA
Simon & Goetz Design GmbH & Co. KG
(B2C Kundenmagazin)

BERLINER TYPE 2006

Silber

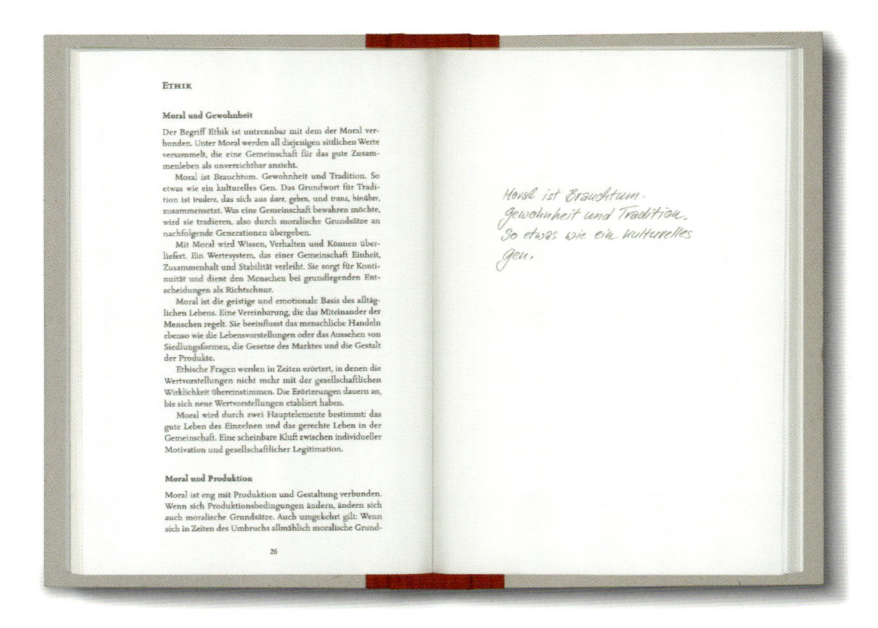

B2C Imagebuch

TITEL EINREICHUNG
FORM:ETHIK Ein Brevier für Gestalter

ZIELGRUPPE
Designer, Architekten, Typografen, Künstler, Unternehmer und Konsumenten

KOMMUNIKATIONSZIEL
Das „Brevier für Gestalter" versteht sich als Arbeitsbuch, das zur Auseinandersetzung, zum Austausch und Dialog anstiften will. Arbeitsinstrumente – Bleistift, Dialogkarten und Blanko-Seiten für eigene Gedanken liefert es gleich mit. Der Satzspiegel wurde als Prägung hinterlegt, um die persönlichen Anmerkungen, die nach und nach die Blanko-Seiten füllen werden ins Buch zu integrieren und ihren Wert zu unterstreichen.

AUFTRAGGEBER
Designafairs, GmbH

VERANTWORTLICH
Geschäftsführung: Christoph Böninger

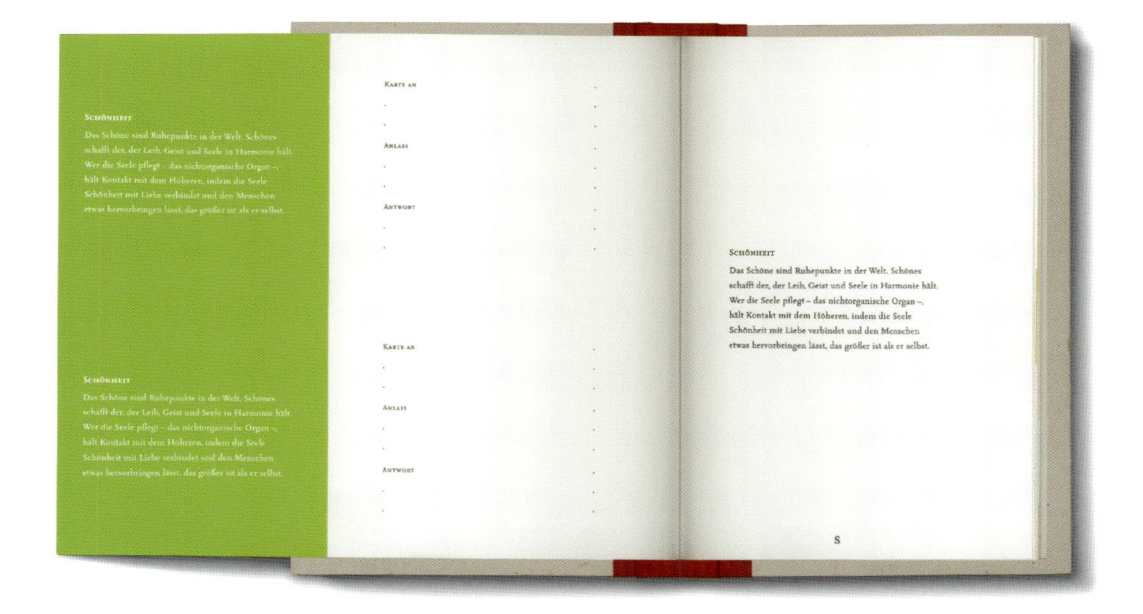

SILBER

AGENTUR
KOCHAN & PARTNER GmbH

VERANTWORTLICH
CD: Martin Summ, Boris Kochan
Typografie: Martin Summ
Text: Hajo Eickhoff, Jan Teunen
Produktion: Katja Knahn

JURYBEGRÜNDUNG
Der Aufgabe entsprechend – ein Buch mit Werkcharakter. Die durch das Buch initiierte Wertediskussion ist auf Dialog ausgerichtet: Der Nutzer kann eigene Überlegungen direkt im Buch notieren oder die auf vorgestanzten Karten platzierten Anregungen der Verfasser versenden. Durchgängig gut und wertig konzipiert, vom eingebauten Schreibwerkzeug bis hin zur Papierwahl. Auch das „Alphabet mit Rückkoppelung" ist etwas Besonderes.

B2C Imagebroschüre

TITEL EINREICHUNG
INSTANT Nr. 57: „Männer am Rande des Nervenzusammenbruchs"

ZIELGRUPPE
Art Direktoren, Grafiker, Redakteure, Art Buyer

KOMMUNIKATIONSZIEL
INSTANT ist eine Zeitschrift mit wechselnden Themen und unregelmäßigem Erscheinen; die vorliegende Ausgabe soll die Illustrationen von Marc Herold bekannt machen.

AUFTRAGGEBER
INSTANT Corporate Culture

VERANTWORTLICH
Geschäftsführung: Thomas Feicht
Redaktion: Gitta Schecker

SILBER

AGENTUR
Heye & Partner GmbH

VERANTWORTLICH
CD: Norbert Herold, Thomas Feicht
AD: Jörg Stöckigt
Illustration: Marc Herold
Bildbearbeitung: Jörg Kratisch, Mathias Remmling

Text: Peter Hirrlinger, Andreas Forberger, Thilo v. Büren, Gunnar Immisch, Dietmar Henneka, Ono Motwurf, Florian Ege, Martin Kießling, Lothar Hackethal, Jan Okusluk, Thomas Winklbauer, Otward Buchner
Produktion: Carsten Horn
Lithografie: Heye & Partner GmbH
Druck: Hofmann Druck, Emmendingen

JURYBEGRÜNDUNG
Hier wird ein gelerntes System auf den Kopf gestellt: Ausgangspunkt ist die Illustration (und nicht – wie sonst – der Text). Das Werk ist somit konzeptionell auf die Umkehrung normaler Verhältnisse aufgebaut. Sehr lesbar, inspirierend und fesselnd. Im Bereich der Typografie wird die vermeintliche „Typewriter"-Normalität durch einen feinen Grauwert in ungewöhnlicher Schriftgröße aufgewertet.

B2B Produktbuch

TITEL EINREICHUNG
Das Gipfelbuch – Diary 2005

ZIELGRUPPE
Agenturen, Druckereien, Handelspartner, Mitarbeiter u. a.

KOMMUNIKATIONSZIEL
PhoeniXmotion ist nicht irgendein Premiumpapier. Es steht an der Spitze. Das PhoeniXmotion Gipfelbuch 2005 featured deshalb ein Spitzenthema: Die ganz persönlichen Höhepunkte für ein Jahr. Der Begleiter auf dem Weg nach oben: PhoeniXmotion.
Der PhoeniXmotion-Kalender 2005 begleitet seinen Benutzer auf dem Weg zu seinen persönlichen Gipfeln auf Schritt und Tritt. Tag für Tag. Beat für beat. Dabei sind die Parallelen zwischen der weißen Bergwelt und der Welt von PhoeniXmotion unendlich. Und die werden gezeigt: Auf 72 Seiten im ersten Teil, unterteilt in vier Kapitel: Vorbereitung, Aufstieg, Rückschläge und Gipfelsturm.

Der zweite Teil: Das Kalendarium. Das persönliche Gipfelbuch. Die ganz persönlichen Seilschaften finden hier ebenso ihren Platz wie die täglichen Höhepunkte und Abstürze. Mit Aufklebern und Stimmungsbarometer für jeden Tag. Alles hervorragend gedruckt und mit elf verschiedenen Techniken veredelt: Eine echte Spitzenleistung auf PhoeniXmotion.

SILBER

AUFTRAGGEBER
Papierfabrik Scheufelen GmbH + Co. KG

VERANTWORTLICH
Marketingleitung: Irmgard Glanz

AGENTUR
Strichpunkt GmbH

VERANTWORTLICH
CD: Kirsten Dietz, Jochen Rädeker
AD: Kirsten Dietz

Design: Anika Marquardsen, Stephanie Zehender
Typografie: Kirsten Dietz, Stephanie Zehender
Illustration: Anika Marquardsen, Felix Widmaier
Fotografie: Niels Schubert, Peter Granser, Stuttgart
Text: Jochen Rädeker
Kundenberatung: Jochen Rädeker, Jeannette Kohnle
Druck: Engelhardt & Bauer, Karlsruhe

JURYBEGRÜNDUNG
Ein Höhepunkt auch für die Empfänger: Notizbuch und Kalender für die Höhepunkte eines Jahres. Das Büchlein setzt die Scheufelen-Reihe „Heartbeat-Moments" fort. Es bietet auch in diesem Jahr wieder viel Originelles und ist liebevoll im Detail gestaltet. Bis hin zum gewählten Folien- und Prägedruck: Silber.

B2B Jubiläumsbuch

TITEL EINREICHUNG
150 years of independence –
150 years of future:
Das Scheufelen Jubiläumsbuch 2005

ZIELGRUPPE
Agenturen, Druckereien, Handelspartner,
Mitarbeiter u. a.

KOMMUNIKATIONSZIEL
Zum 150-jährigen Jubiläum der Papierfabrik Scheufelen entwickelte Strichpunkt statt eines Geschichtsbuches ein Geschichtenbuch. Historische Objekte wie alte Maschinenpläne, Patente und Papiermuster lassen die Firmengeschichte lebendig werden. Die Gegenwart wird anhand von gedoppelten, einfühlsamen Mitarbeiterporträts gezeigt: Porträts am Arbeitsplatz machen den Prozess der Papierherstellung nachvollziehbar, während Bilder aus der Freizeit zeigen, was bei Scheufelen im Mittelpunkt stand und steht: It's the people that make the Paper. In Monate langer Arbeit liebevoll getextet, fotografiert und gestaltet, höchstwertig gedruckt und verarbeitet: Ein Buch, das aus Vergangenheit und Gegenwart in die Zukunft weist.

SILBER

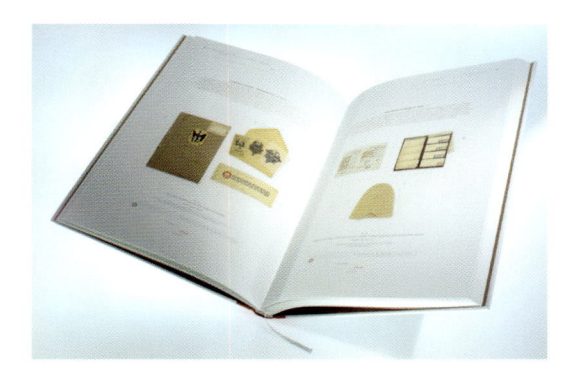

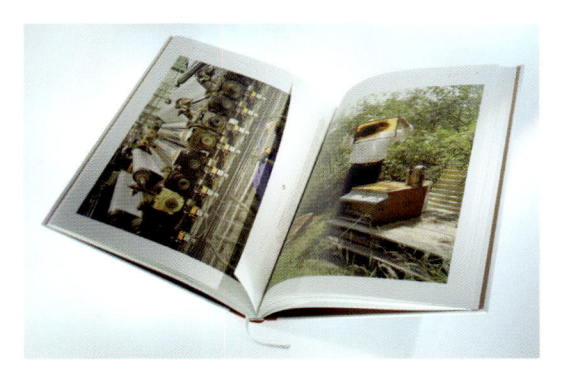

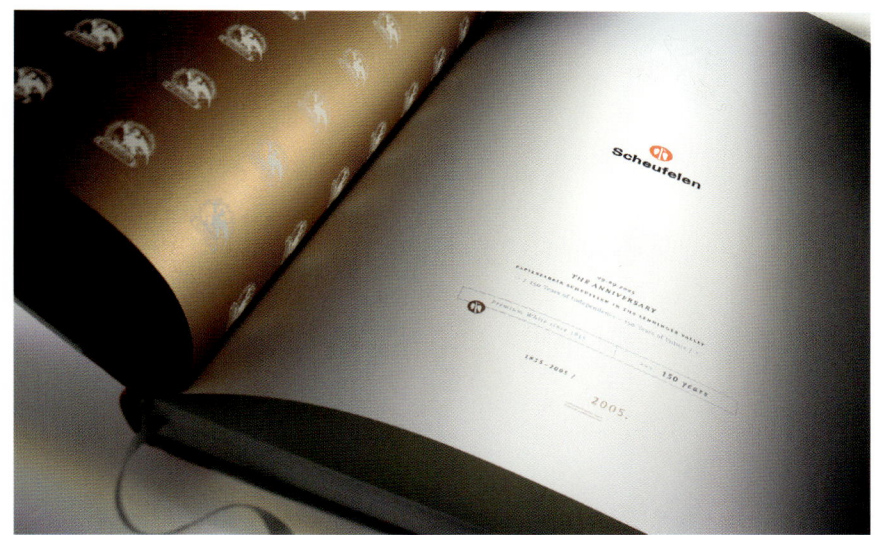

AUFTRAGGEBER
Papierfabrik Scheufelen GmbH + Co. KG

VERANTWORTLICH
Marketingleitung: Irmgard Glanz

AGENTUR
Strichpunkt GmbH

VERANTWORTLICH
CD: Kirsten Dietz, Jochen Rädeker
AD: Kirsten Dietz, Jochen Rädeker
Design: Stephanie Zehender
Typografie: Kirsten Dietz, Stephanie Zehender
Kundenberatung: Jeannette Kohnle, Jochen Rädeker
Fotografie: Armin Brosch, München
Druck: Wachter GmbH, Bönnigheim

JURYBEGRÜNDUNG
Dieses bestechende Druckwerk präsentiert sich optisch und konzeptionell so, wie es einem 150-jährigen Jubiläum zukommt. Bei etwas weniger „braven" Texten hätte die Jury infolge der sonst durchgängig hohen Bewertung gern mehr als Silber vergeben.

B2C Dokumentation

TITEL EINREICHUNG
fff – finest facts & figures

ZIELGRUPPE
Herausgeber und Gestalter von Geschäftsberichten

KOMMUNIKATIONSZIEL
Drei Monate für drei Minuten: fff – finest facts & figures ist das Grundlagenwerk zur Konzeption und Gestaltung von Geschäftsberichten mit rund 900 Abbildungen und umfangreichen Fachtexten auf 312 Seiten.
fff ist aber weit mehr als ein dröges Sach- und Bilderbuch: Die Autoren und Gestalter vergleichen die Financial Community und die Regeln der Reportmacher anhand zahlreicher Bildbeispiele und Texte mit der Fast-Food-Küche und den Zubereitungsmöglichkeiten eines Hamburgers. Denn beide haben von Struktur (Oben Pappe, unten Pappe, dazwischen Kleingehacktes) bis zur Dauer des Genusses (im Durchschnitt drei Minuten) erstaunlich viel gemeinsam.
So wird das Buch gleichsam zum Musterexemplar für einen gut zubereiteten Geschäftsbericht: Lesbare Texte, emotionale Bildstrecken, hochwertige Gestaltung, Typografie und Verarbeitung – und ein roter Faden, der zum Lächeln einlädt.

SILBER

AUFTRAGGEBER
Verlag Hermann Schmidt Mainz

VERANTWORTLICH
Werbeleitung: Karin Schmidt-Friderichs

AGENTUR
Strichpunkt GmbH

VERANTWORTLICH
CD: Kirsten Dietz, Jochen Rädeker
AD: Kirsten Dietz, Jochen Rädeker
Design: Susanne Hörner, Holger Jungkunz, Felix Widmaier
Illustration: Felix Widmaier
Text: Jochen Rädeker
Fotografie: Niels Schubert, Stuttgart

JURYBEGRÜNDUNG
Die vorliegende Druckschrift bietet dem Leser hohen, didaktisch ausgefeilten Nutzwert in zeitlosem Erscheinungsbild. Zugleich wird auf unterhaltsame Weise erläutert, wie mit der „formalen Sachlichkeit" in der Praxis umzugehen ist. Ein Sachbuch für gehobene Ansprüche auf hohem textlichen Niveau – und eine Orientierungshilfe für Praktiker. Auf Grund einiger handwerklicher Mängel leider „nur" Silber.

B2C Kundenmagazin

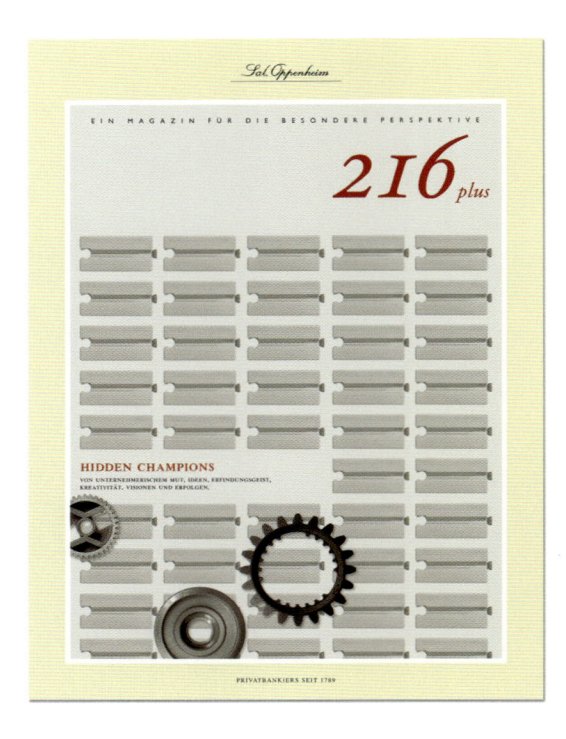

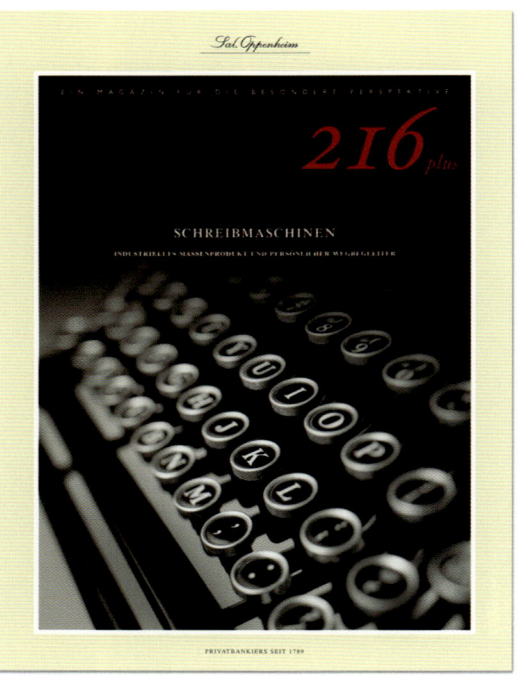

TITEL EINREICHUNG

„215plus/216plus" – Ein Magazin für die besondere Perspektive

ZIELGRUPPE

Bestehende Kunden, potenzielle Kunden, Mitarbeiter

KOMMUNIKATIONSZIEL

Sal. Oppenheim ist eine der führenden Privatbanken Europas. Ziel war es, ein hochwertiges, aufmerksamkeitsstarkes und unterhaltendes Magazin zu schaffen, welches dem anspruchsvollen Selbstverständnis des Hauses Sal. Oppenheim entspricht. Der Gestaltungsauftritt des Kundenmagazins kommuniziert mit seinem klassischen, repräsentativen Charakter in unaufdringlicher Weise die im Hause Sal. Oppenheim bewusst gelebten Werte Tradition, Innovation und Exklusivität.

AUFTRAGGEBER

Sal. Oppenheim jr. & Cie. KGaA

VERANTWORTLICH

Projektleitung: Kerstin Switala

SILBER

AGENTUR

Simon & Goetz Design GmbH & Co. KG

VERANTWORTLICH

AD: Bernd Vollmöller
Design: Anne-Katrin Mülder, Bernd Vollmöller
Typografie: Bernd Vollmöller

Kundenberatung: Katrin Peisert, Iris Schneider, Tanja Zingrebe
Produktion: Günter Malkmus
DTP: Ingo Berghoff-Flüel
Lithografie: DM-SERVICE Mahncke & Pollmeier GmbH & Co. KG
Druck: Schotte GmbH & Co. KG

JURYBEGRÜNDUNG

Eines der wenigen Kundenmagazine, das – mit eigenem Profil und in hoher Qualität – spannend und verständlich einmal „ganz andere Geschichten" als die Wettbewerbsprodukte erzählt. Dies wird durch die reduzierte Grafik noch unterstrichen. Das Kundenmagazin, das als Serie durchgängig hoch bewertet wurde, präsentiert sich als gelungenes Tool im Beziehungsmanagement einer anspruchsvollen Kundschaft.

"Herzblut"
DMS DIRECT MAIL SERVICE GMBH
New Cat Orange
(B2B Imagebroschüre)

Burgtheater Saisonvorschau 2005/2006
BURGTHEATER GMBH
section.d design.communication gmbh
(B2C Imagebroschüre)

Freistil 2 – Best of European Commercial Illustration
VERLAG HERMANN SCHMIDT MAINZ GMBH & CO. KG
Verlag Hermann Schmidt Mainz GmbH & Co. KG
(B2B Dokumentation)

Jahresbericht 2004
Evangelische Stiftung Alsterdorf
VORSTAND DER EVANGELISCHEN STIFTUNG ALSTERDORF
büro uebele visuelle kommunikation
(B2B Geschäftsbericht)

Wege – Geschäftsbericht 2003/2004
SCHLOTT GRUPPE AG
Strichpunkt GmbH
(B2B Geschäftsbericht)

MINIInternational
**BAYERISCHE MOTOREN WERKE AG,
MINI BRAND MANAGEMENT**
HOFFMANN UND CAMPE Corporate Publishing
(B2C Kundenmagazin)

Greenpeace Magazin 1/06 „Tu was!"
GREENPEACE MEDIA GMBH
Büro Hamburg JK. PW.
Gesellschaft für Kommunikationsdesign mbH
(B2C Mitgliedermagazin)

BERLINER TYPE 2006

Bronze

B2B Imagebroschüre

TITEL EINREICHUNG
„Herzblut"

ZIELGRUPPE
Neukunden, Bestandskunden

KOMMUNIKATIONSZIEL
1. Neukunden gewinnen
2. Bestandskunden ausbauen
3. Erfahrung und Engagement der Mitarbeiter ins Bewusstsein rufen
4. Sich von Konkurrenz abheben, Interesse wecken
5. Den Dialog mit einer Dialogaktion eröffnen
6. Die Glaubwürdigkeit von DMS im zweiten Schritt beweisen

AUFTRAGGEBER
DMS Direct Mail Service GmbH

VERANTWORTLICH
Geschäftsführung: Hans Rothmeyer, Winfried Daniels

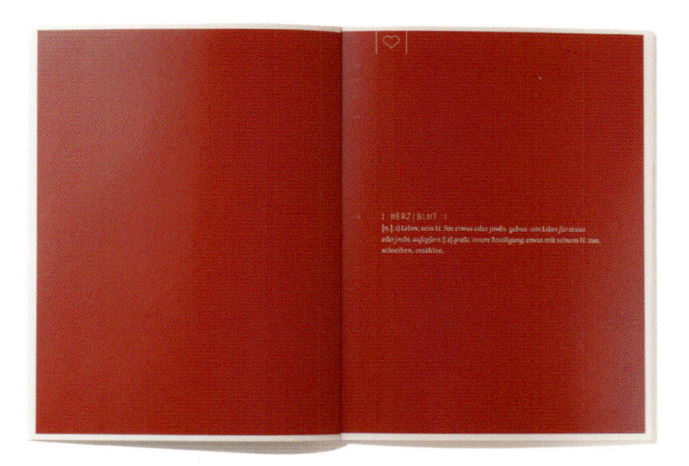

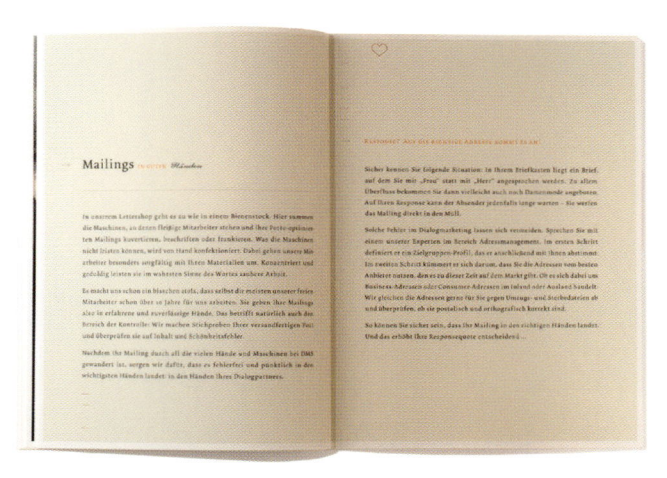

BRONZE

AGENTUR
New Cat Orange

VERANTWORTLICH
CD: HP Becker
Fotografie: poby photography, Peter Poby
Text: Cordula Becker
Druck: Druckhaus Becker
Weiterverarbeitung:
DMS Direct Mail Service GmbH

JURYBEGRÜNDUNG
Hier präsentiert sich ein Unternehmen mit neuem Auftritt nach einem Management-Buy-Out: Durchgängig gut gestaltet, mit einer zentralen Idee (Herzblut-Leistung der Mitarbeiter während ihrer z.T. langjährigen Zugehörigkeit zum Unternehmen). Passende Fotos, gute Grafik – Bronze.

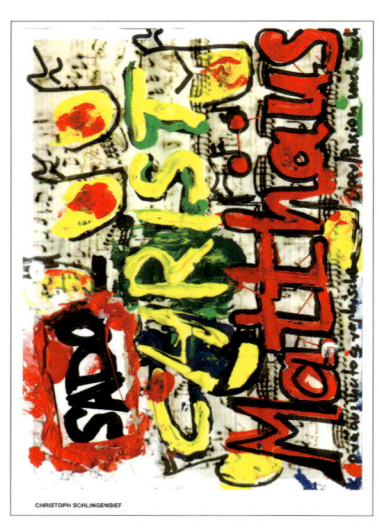

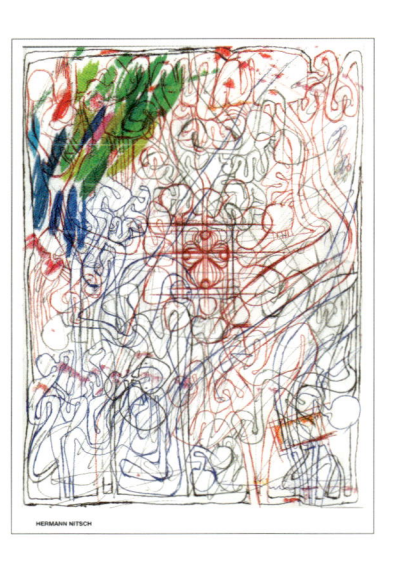

B2C Imagebroschüre

TITEL EINREICHUNG
Burgtheater Saisonvorschau 2005/2006

ZIELGRUPPE
Alle Kultur- und Theater-Interessierten sowie Abonnenten des Wiener Burgtheaters

KOMMUNIKATIONSZIEL
Ziel ist es, den Theaterbesuchern die jeweilige Burgtheater-Saisonvorschau jedes Jahres als individuelle Idee und kreatives Gesamtwerk zu transportieren und durch ihre spezielle Aufmachung Neugier und Interesse auf den neuen Spielplan zu wecken.

Angesichts des Jubiläums – der 50. Spielsaison des Burgtheaters nach dem 2. Weltkrieg – wurde erstmals das CI des Burgtheaters eingesetzt: Ein dominantes „b", das mit einem Kreis verschmilzt, ist das Markenzeichen.

Unter dem Motto „Zeichenmappe" enthält die Saisonvorschau – neben der Ankündigung für den neuen Spielplan und Premieren – Drucke von elf Arbeiten namhafter Künstler, Autoren und Bühnenbildner, die z.T. eigens hierfür geschaffen wurden.

Standen im vorangegangenen Jahr literarische Inhalte im Mittelpunkt des Druckwerkes, so rücken jetzt die künstlerischen Arbeiten und visuelle Ideen in den Vordergrund. Umgesetzt wurde sie als Loseblattsammlung in einer Mappe, die die künstlerischen Werke optisch noch besser zur Geltung kommen lässt.

BRONZE

AUFTRAGGEBER
Burgtheater GmbH

VERANTWORTLICH
Presseabteilung: Konstanze Schäfer

AGENTUR
section.d design.communication gmbh

VERANTWORTLICH
AD: Richy Oberriedmüller
Text: Burgtheater
Kundenberatung/Kontakt: Robert Jasensky
Produktion/Satz: section.d/
Druckerei Holzhausen
Lithografie: Druckerei Holzhausen
Druck: Druckerei Holzhausen, Klaus Rezegh

JURYBEGRÜNDUNG
Durchgängig hohe Bewertung infolge überzeugender Konzeption und Umsetzung: Ein modularer Aufbau, der auf den in das Programm aufgenommenen Stücken aufbaut, kluge Beschreibungen, anschauliche Illustrationen bis hin zur Sitzplatzverteilung. Optik und Haptik ergänzen sich bzw. sind ebenfalls aufeinander abgestimmt: Bronze.

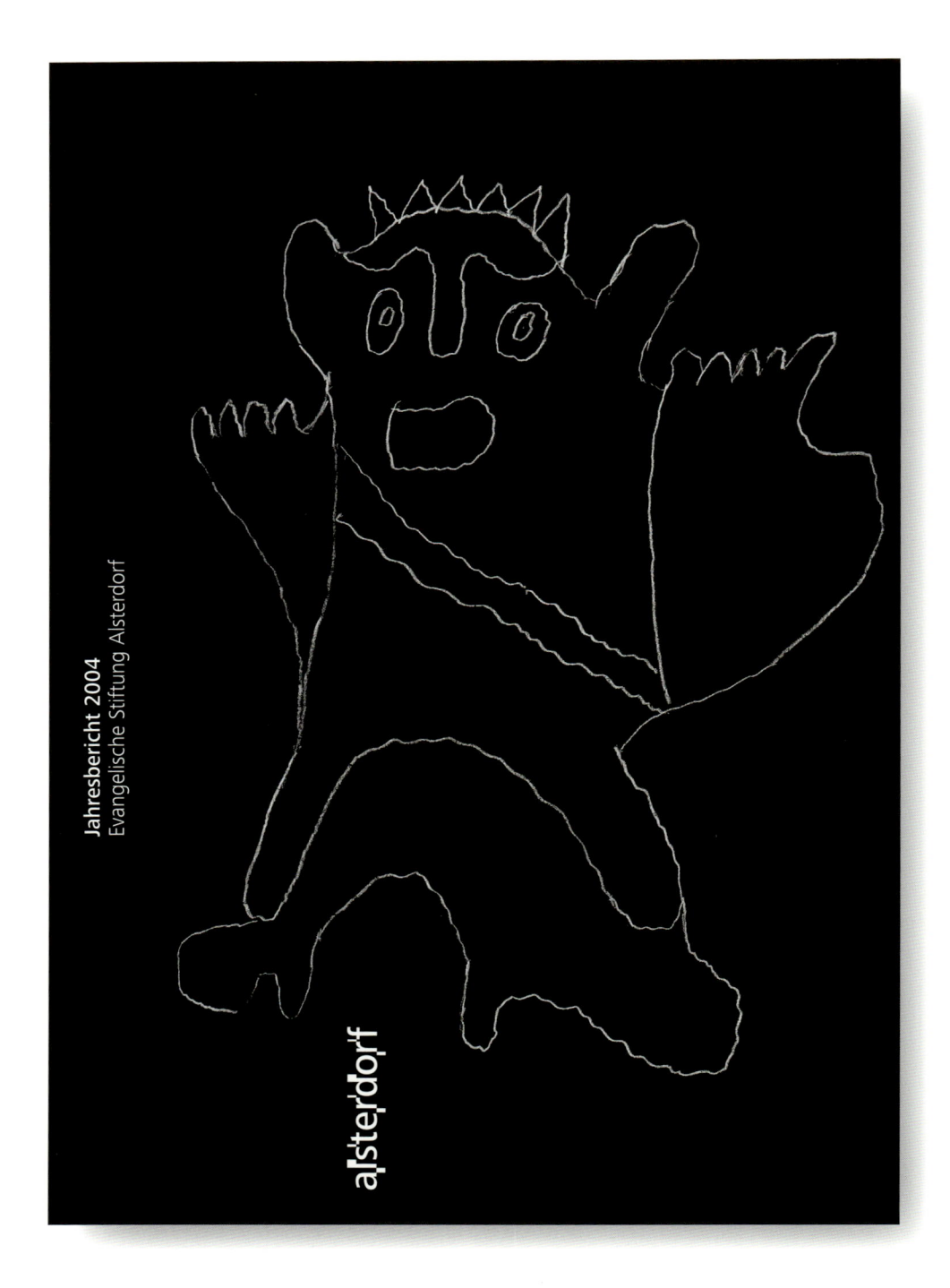

B2B Geschäftsbericht

TITEL EINREICHUNG
Jahresbericht 2004
Evangelische Stiftung Alsterdorf

ZIELGRUPPE
Die Mitarbeiter der Stiftung, die Menschen, die von der Stiftung betreut werden und die Sponsoren

KOMMUNIKATIONSZIEL
Eine glaubwürdige und angemessene Botschaft für eine Stiftung, die mit behinderten Menschen arbeitet.

AUFTRAGGEBER
Vorstand der evangelischen Stiftung Alsterdorf

VERANTWORTLICH
Vorstandsvorsitzender: Rolf Baumbach
Vorstand: Wolfgang F. Kraft
Bereichsleiter Kommunikation:
Wolfram Scharenberg

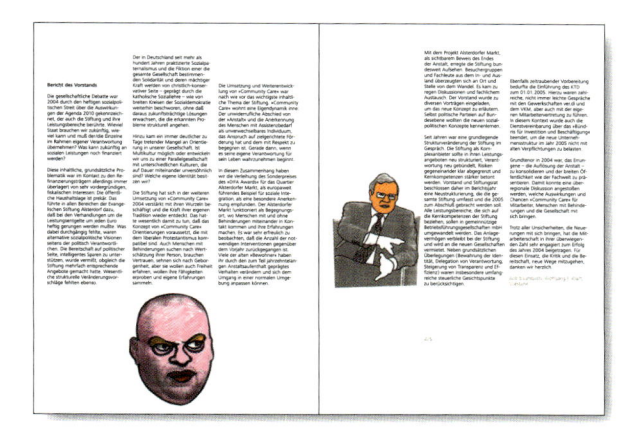

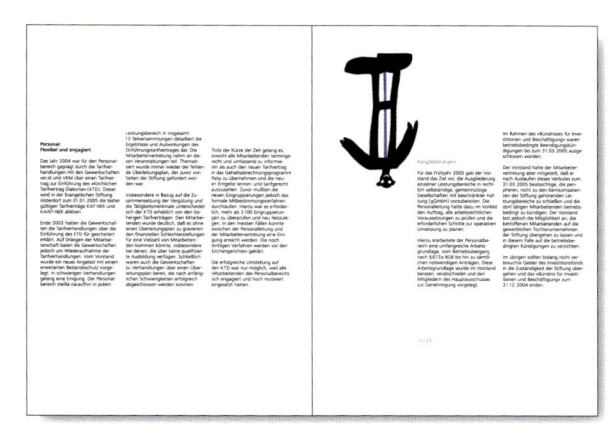

BRONZE

AGENTUR
büro uebele visuelle kommunikation

VERANTWORTLICH
Projektleitung: Alexandra Busse,
Prof. Andreas Uebele

JURYBEGRÜNDUNG
Kleiner Etat mit großer Wirkung – dieses Produkt sollte anderen karitativen Organisationen Mut machen. Mehr in dieser tollen Art! Eine ideenvolle Druckschrift, die – obwohl reduziert in den Mitteln – sehr emotional atmet und belegt, was die gemeinnützige Arbeit kennzeichnet: Menschlichkeit und Anteilnahme.

B2B Geschäftsbericht

TITEL EINREICHUNG
Wege – Geschäftsbericht 2003/2004

ZIELGRUPPE
Aktionäre, Analysten und Investoren

KOMMUNIKATIONSZIEL
Wege sind das Motto des Geschäftsberichts 2003/04 der schlott gruppe AG.
Einer der ganz großen Druck und Mediendienstleister in Europa liefert damit eine Wegbeschreibung des Unternehmens, die ein möglichst präzises Bild davon vermitteln soll, welche Aufgaben im Geschäftsjahr bewältigt wurden, wie die schlott gruppe für die nächsten Schritte gerüstet ist und in welche Richtung diese Schritte führen werden. Nach Vorwort und Strategieteil interpretieren sechs Bildtafeln mit überraschenden Motiven den Weg der schlott gruppe. Jedes Motiv steht für eines der zentralen Themen mit denen sich das Unternehmen befasst.
Der aktuelle Geschäftsbericht ist wie im Vorjahr in Buchform gebunden, klassisch gestaltet und mit der Adobe Garamond und ITC Officina in feiner Typografie gesetzt. Die Papiere Surbalin, Munken Pure unterstreichen den hochwertigen Charakter des Geschäftsberichts, Ikono Matt sorgt für brilliante Bildtafeln.

BRONZE

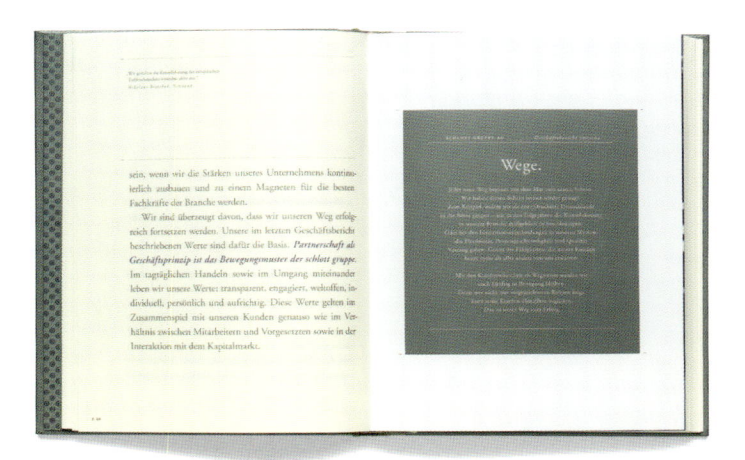

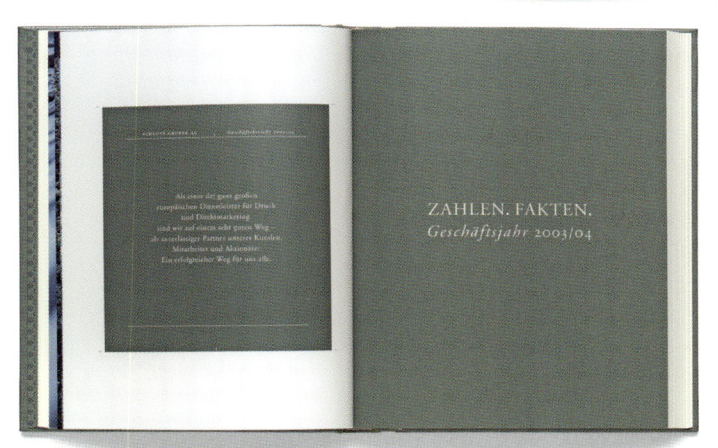

AUFTRAGGEBER
schlott gruppe AG

VERANTWORTLICH
Leiter IR/PR: Marco Walz

AGENTUR
Strichpunkt GmbH

VERANTWORTLICH
CD: Jochen Rädeker
AD: Kirsten Dietz
Design: Stephanie Zehender
Fotografie: Niels Schubert, Stuttgart
Text: pr+co, Norbert Hiller, Stuttgart
Kundenberatung: Jeannette Kohnle, Jochen Rädeker
Druck: sachsendruck GmbH, Plauen

JURYBEGRÜNDUNG
Ein Buch, das eine eigene Aura aufbaut und diese konsequent für den Informationstransport an die Empfänger und Nutzer des Geschäftsberichtes einsetzt. Ein reduzierter, dennoch spektakulärer Bildteil ergänzt die solide und zugleich prägnante Darstellung des Geschäftsverlaufes. Die Idee: Seriosität durch Schlichtheit. Man muss als Drucker seiner „financial community" nicht mehr beweisen, dass man sein Handwerk versteht: Zielgruppenaffinität, wie sie „im Buche" steht.

B2C Kundenmagazin

TITEL EINREICHUNG
MINIInternational

ZIELGRUPPE
Die internationale, junge und urbane Trend-Elite.

KOMMUNIKATIONSZIEL
MINIInternational positioniert sich als Automarken-Magazin mit dem höchsten Lifestyle-Anspruch. Bewusst differenziert sich das Heft inhaltlich von den Konzepten anderer Automarken-Magazine. So verzichtet selbst das Cover auf die Präsentation eines MINI. Stattdessen stellt MINIInternational Städte vor, in denen sich etwas bewegt, zeigt Trends auf und spricht mit kreativen Machern aus Film, Fashion, Musik, Medien, Kunst und Literatur. Preisgekrönte Fotografen und Artdirektoren gestalten jedes Heft in einem neuen Design. Sie transferieren die kreativen Energien, das Temperament und die Spontaneität der jeweiligen Metropole in ihren Arbeiten und spiegeln so den speziellen Esprit der Stadt wider.

BRONZE

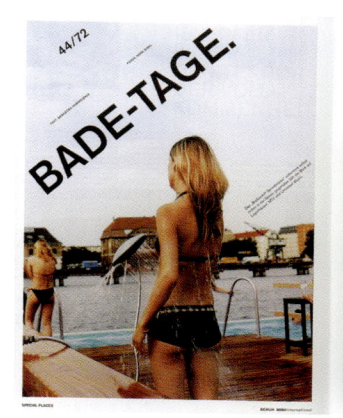

AUFTRAGGEBER
Bayerische Motoren Werke AG,
MINI Brand Management

VERANTWORTLICH
Projektmanagement: Viola Schmidke

AGENTUR
HOFFMANN UND CAMPE Corporate Publishing

VERANTWORTLICH
CD: Meike Meiré
AD: Stefan Pietsch
Art Work: Kurt Wilhelm
Chefredaktion: Anne Urbauer, Peter Würth
Objektleitung: Ulrike Häubl

JURYBEGRÜNDUNG
Der redaktionelle Teil vermittelt unter Verzicht auf vordergründige Produktdarstellung eine Lebenswelt, die zum Leser passt – die gekonnt zusammengestellten Themen des Heftes kommen ebenso jung, mobil und trendig daher wie die Nutzergruppe. Der Kontrast zur abschließenden Produktinformation unterstützt die redaktionelle Eigenständigkeit und Passgenauigkeit, steht der Authentizität aber auch etwas im Weg.

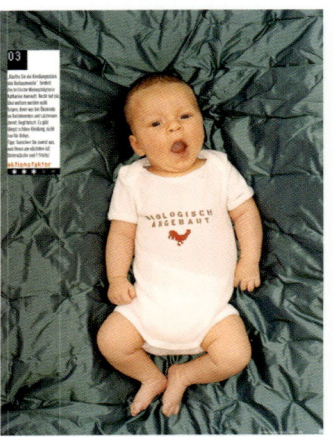

B2C Mitgliedermagazin

TITEL EINREICHUNG
Greenpeace Magazin 1/06 „Tu was!"

ZIELGRUPPE
Multiplikatoren, Umweltinteressierte,
Wissenschaftler, Studenten, Schüler

KOMMUNIKATIONSZIEL
Politisch unabhängige Berichterstattung aus
den Bereichen Umwelt, Politik und Soziales

AUFTRAGGEBER
Greenpeace Media GmbH

VERANTWORTLICH
Chefredakteur: Jochen Schildt
Stellvertretende Chefredakteurin,
Art Direktion Bild: Kerstin Leesch

BRONZE

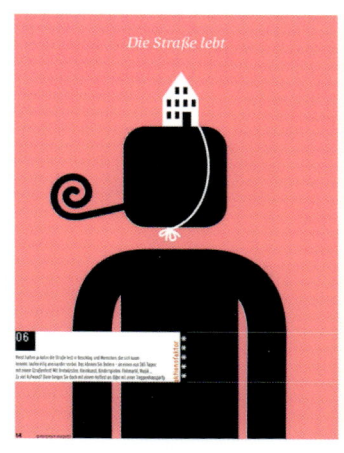

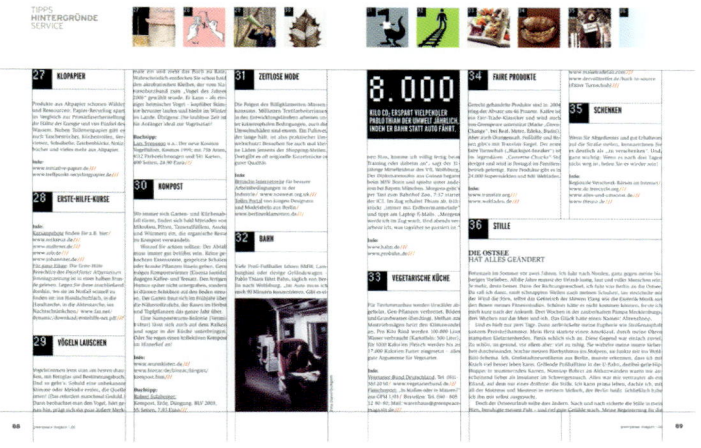

AGENTUR

Büro Hamburg JK. PW.
Gesellschaft für Kommunikationsdesign mbH

VERANTWORTLICH

AD: Jürgen Kaffer
Gestaltung: Bettina Rosenow,
Annette Gassner
Lithografie: W. & Co. Mediaservices
Hamburg GmbH + Co. KG
Druck: Johler Druck GmbH, Neumünster

JURYBEGRÜNDUNG

Beispielhaft für die Reihe der eingereichten Arbeiten wird der Titel „Tu was!" ausgezeichnet. Die Greenpeace-Magazine überwinden die Blutleere von Publikationen mit vergleichbarer Aufgabenstellung. Hier werden die komplexen Themen kompetent, versiert und zugleich verständlich aufbereitet, lebendig erzählt und auf kioskfähigem Niveau vermittelt. Die guten Fotos/Bildstrecken sowie die ausdrucksvolle Grafik sind ein echtes Plus.

Diplom Design/Typografie/Fotografie „Gemeinsam wachsen"
ThyssenKrupp Geschäftsbericht 2004_2005
THYSSENKRUPP AG
häfelinger + wagner design gmbh
(B2B Geschäftsbericht)

Diplom Konzeption/Reproduktion/Druck Raindance Royale AIR
HANSGROHE AG
Werbung etc. Werbeagentur AG
(B2C Produktbroschüre)

Diplom Design/Illustration Denkheft DIKIIDI
Josephine Prokop – Struktur und Dekoration
JOSEPHINE PROKOP – CORPORATE BRANDING
Josephine Prokop – Corporate Branding
(B2B Imagebroschüre)

Diplom Design/Typografie Maul-Tasche. Sag, was Sache ist.
DESIGN HOCH DREI GMBH & CO. KG
design hoch drei GmbH & Co. KG
(B2C Mailing)

Diplom Konzeption KMS PRESENTS
KMS TEAM GMBH
KMS Team GmbH
(B2B Imagebuch)

Informations- und Trainingsunterlagen zur MINI Kernzielgruppe:
OPEN UP YOUR TARGET GROUP
BMW AG
klink, liedig werbeagentur gmbh
(B2B Imagebroschüre)

ThyssenKrupp Elevator TWIN
THYSSENKRUPP ELEVATOR AG
RTS Rieger Team Werbeagentur GmbH
(B2B Produktbroschüre)

Broschüre „CLK DTM AMG Cabriolet"
MERCEDES-AMG GMBH
SHANGHAI DGM Werbeagentur GmbH & Co. KG
(B2C Produktbroschüre)

Fortsetzung auf Seite 100

BERLINER TYPE 2006

Diplom

Diplom Konzeption Motiv-ator
NEW CAT ORANGE
New Cat Orange
(B2C Produktbroschüre)

Die Meissen ab 18 Broschüre
STAATLICHE PORZELLAN-MANUFAKTUR MEISSEN GMBH
Scholz & Friends Berlin GmbH
(B2C Produktbroschüre)

Das Jahrbuch des Art Directors Club für Deutschland e. V. 2005
ADC VERLAG GMBH
Strichpunkt GmbH
(B2B Jahrbuch)

TypeSelect – Der Schriftenfächer
VERLAG HERMANN SCHMIDT MAINZ GMBH & CO. KG
Verlag Hermann Schmidt Mainz GmbH & Co. KG
(B2C Produktkatalog)

Bericht der Sächsischen Aufbaubank für das Jahr 2004
SÄCHSISCHE AUFBAUBANK – FÖRDERBANK –
Wild – Agentur für Kommunikation
(B2B Geschäftsbericht)

GfK Geschäftsbericht 2004
GFK AG
Scheufele Kommunikationsagentur GmbH
(B2B Geschäftsbericht)

BMW Magazin special. Der neue 3er
BAYERISCHE MOTOREN WERKE AG
HOFFMANN UND CAMPE Corporate Publishing
(B2C Kundenmagazin)

100 DAYS Corporate Design
100 DAYS
Dorten Bauer
(B2B Mailing)

Mercedes-Benz S-Klasse
Launch, One-to-One Maßnahmen
DAIMLERCHRYSLER AG
Springer & Jacoby Werbeagentur GmbH & Co. KG
(B2C Mailing)

Diplom Text Unser Leitbild
STRÖER OUT-OF-HOME MEDIA AG
vonbremen, Kommunikationsdesign
(B2B Imagebroschüre)

Typografische Briefe
KOCHAN & PARTNER GMBH
KOCHAN & PARTNER GmbH
(B2B Imagebroschüre)

Grischata, Graubünden zwischen Wahn und Wirklichkeit
3Z INFORMATIONSGRAFIK UND ARCHITEKTUR
3Z Informationsgrafik und Architektur
(B2C Imagebroschüre)

DIPLOM

Diplom Design — Contemporary Rug Art
Katalog Jan Kath
JAN KATH GMBH
Oktober Kommunikationsdesign GmbH
(B2C Ausstellungskatalog)

Zeitreisen 2006
CLAUS KOCH™
Claus Koch™
(B2B Kalender)

Diplom Illustration — Blanko/Buch
ARCTIC PAPER DEUTSCHLAND GMBH
SIGN Kommunikation GmbH
(B2B Produktbroschüre)

Diplom Druck — Imagebroschüre C.O.D. Damenjeans
JOKER, JÜRGEN BERNLÖHR GMBH
DIE CREW AG Werbeagentur
(B2C Produktbroschüre)

Porsche Design Imagebroschüre
PORSCHE LIZENZ- UND HANDELSGESELLSCHAFT MBH & CO. KG
KW43 BRANDDESIGN
(B2C Imagebroschüre)

Porsche Design Uhrenbroschüre
PORSCHE LIZENZ- UND HANDELSGESELLSCHAFT MBH & CO. KG
KW43 BRANDDESIGN
(B2C Produktbroschüre)

Diplom Buchbinderische Verarbeitung — KUNDEN.MÄRKTE.PERFORMANCE
GILDEMEISTER AG
Montfort Werbung
(B2B Geschäftsbericht)

Geschäftsbericht 2004/2005
der Heidelberger Druckmaschinen Aktiengesellschaft
HEIDELBERGER DRUCKMASCHINEN AG, INVESTOR RELATIONS
Hilger & Boie GmbH, Büro für Gestaltung
(B2B Geschäftsbericht)

B2B Geschäftsbericht

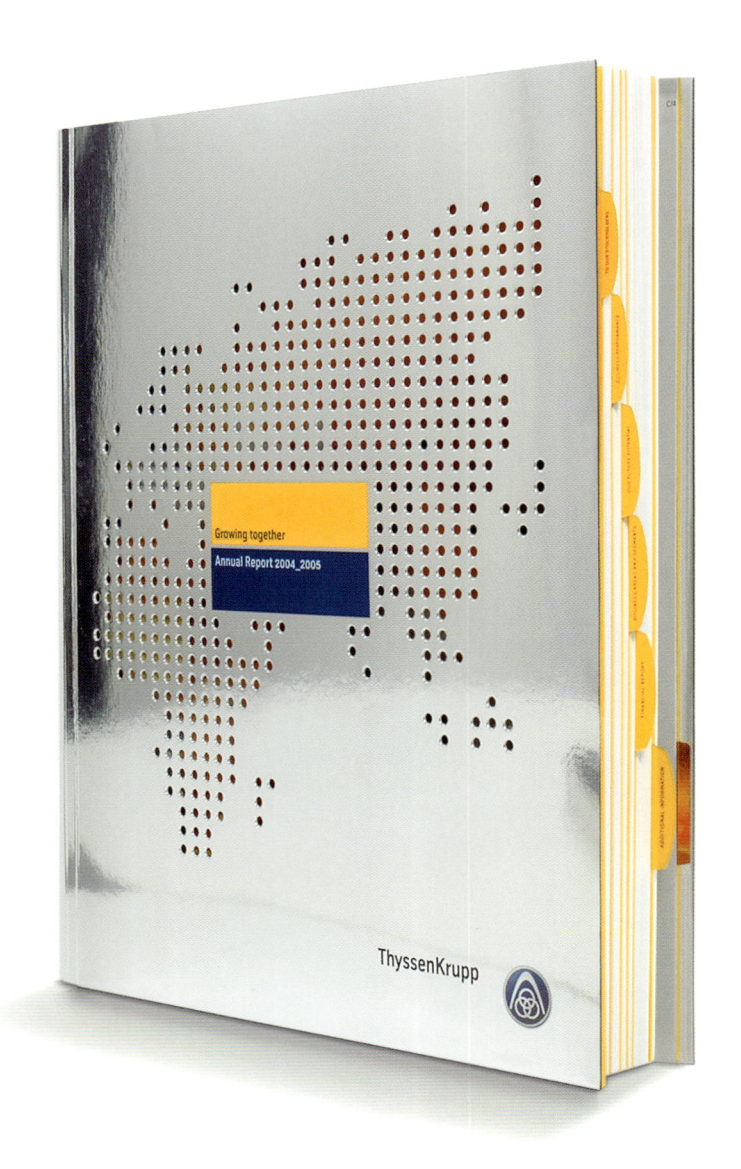

TITEL EINREICHUNG
„Gemeinsam wachsen"
ThyssenKrupp Geschäftsbericht 2004_2005

ZIELGRUPPE
Analysten, Aktionäre, Presse, Kunden, Interessenten, Mitarbeiter

KOMMUNIKATIONSZIEL
Internationalisierung ist das zentrale Thema des Geschäftsberichtes 2004/2005. Das Motto „Gemeinsam wachsen" verknüpft die Haltung des Konzerns, partnerschaftlich und verantwortungsvoll zu handeln mit dem Bekenntnis zu Wachstum und Expansion. Insofern werden neben technologischen Kompetenzen und herausragenden Innovationen auch die gesellschaftlichen und partnerschaftlichen Kompetenzen des Konzerns thematisiert, die für ein erfolgreiches weltweites Engagement von entscheidender Bedeutung sind. Der Bericht lädt ein zu einer Reise zu internationalen Standorten des Konzerns mit hohem Wachstumspotenzial. Dabei werden Kinder und Jugendliche sowie deren Eltern porträtiert, die für den Konzern mit Partnern an innovativen Projekten tätig sind. Die Ideen der Kinder, ihre unbefangene Neugier, ihre Fragen und Gedanken überraschen den Leser. Der Blickwinkel auf die jeweilige Region erfolgt mit Fokus auf eine übergreifende Kompetenz des Konzerns, welche das Engagement und die partnerschaftliche Haltung von ThyssenKrupp kennzeichnet.

DREIFACHDIPLOM
Design/Typografie/Fotografie

AUFTRAGGEBER
ThyssenKrupp AG

VERANTWORTLICH
Head of Corporate Branding and Publishing:
Barbara Scholten

AGENTUR
häfelinger + wagner design gmbh

VERANTWORTLICH
CD: Annette Häfelinger
Design: Jenny Heinecker

JURYBEGRÜNDUNG
Leider konnte diese sehr liebevolle und bis ins Detail außergewöhnliche Arbeit nicht gleichermaßen im Bereich Konzeption überzeugen. Loch- und Registerstanzung, Aufklapper sowie das auf edlen, zugleich drucktechnisch z.T. schwierigen Materialien Folie, Pergamin und Surbalin realisierte Grafikdesign ebenso wie Typografie und Fotografie rechtfertigten das – bislang im Rahmen der Berliner Type einmalige – Dreifachdiplom.

B2C Produktbroschüre

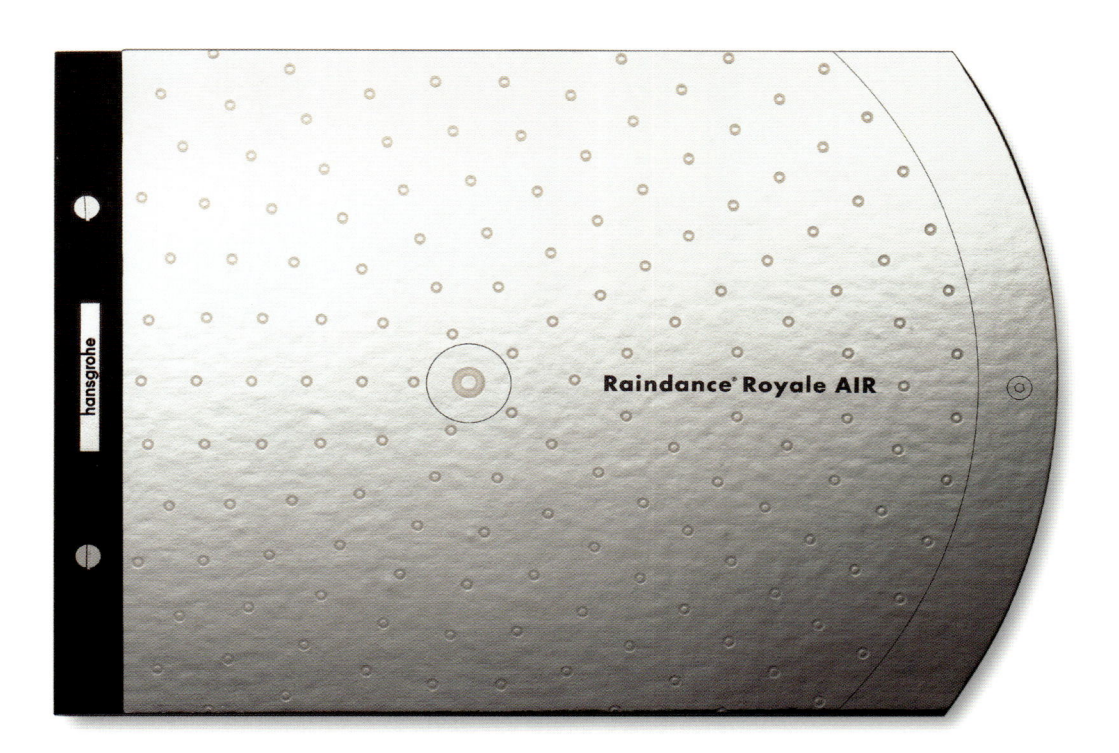

TITEL EINREICHUNG
Raindance Royale AIR

ZIELGRUPPE
Wohnungseigentümer und Hausbesitzer. Besserverdiener, die ihr Vermögen auch zeigen und genießen wollen.

KOMMUNIKATIONSZIEL
Raindance Royale AIR ist eine Teller-Kopfbrause mit enormen 350 mm Durchmesser, angesiedelt im höheren Preissegment – ein Objekt der Begierde. Die Broschüre zur Markteinführung soll Qualität und Wert des Produkts kommunizieren und Begehrlichkeit beim (vermögenden) Verbraucher wecken. Raindance Royale AIR ist der pure Luxus, die Broschüre zieht die Konsequenz – und wird selbst zum Luxusartikel: ungewöhnlich im Format, hochwertig in Material und Druckverfahren, komplex in der Verarbeitung und exklusiv in Gestaltung und Ansprache.

DOPPELDIPLOM
Konzeption/Reproduktion/Druck

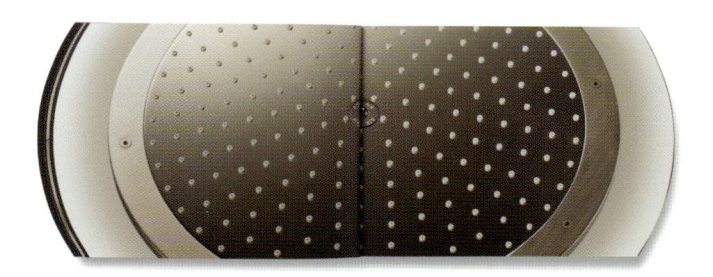

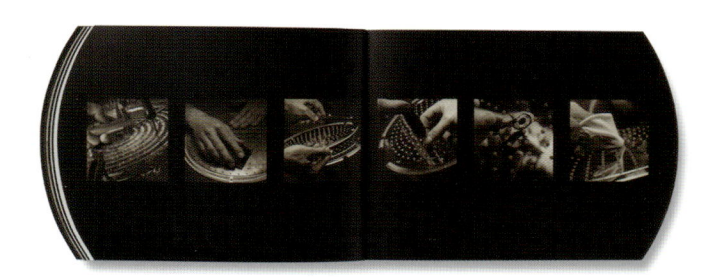

AUFTRAGGEBER
Hansgrohe AG

VERANTWORTLICH
Leiter Corporate Marketing: Joachim Huber

AGENTUR
Werbung etc. Werbeagentur AG

VERANTWORTLICH
AD: Marcus Berner
Grafik: Sabine Knapp
Fotografie: Christian von Alvensleben, Igor Panitz, Uli Maier
Text: Andreas Sauer
Kundenberatung: Manfred Amos
Produktion: Volpp Druckproduktion

JURYBEGRÜNDUNG
Höchste Punktzahl im Bereich Konzeption, nahezu Höchstzahlen bei Foto, Reproduktion/Druck und Buchbindung: Die im Deckel geschraubte Druckschrift atmet den Luxus des Produkts, das sie vorstellt. Vornehmlich die Typografie verhinderte, dass diese ausgesprochen edel aufgemachte und sehr außergewöhnlich umgesetzte Broschüre in die Medaillenränge aufsteigen konnte.

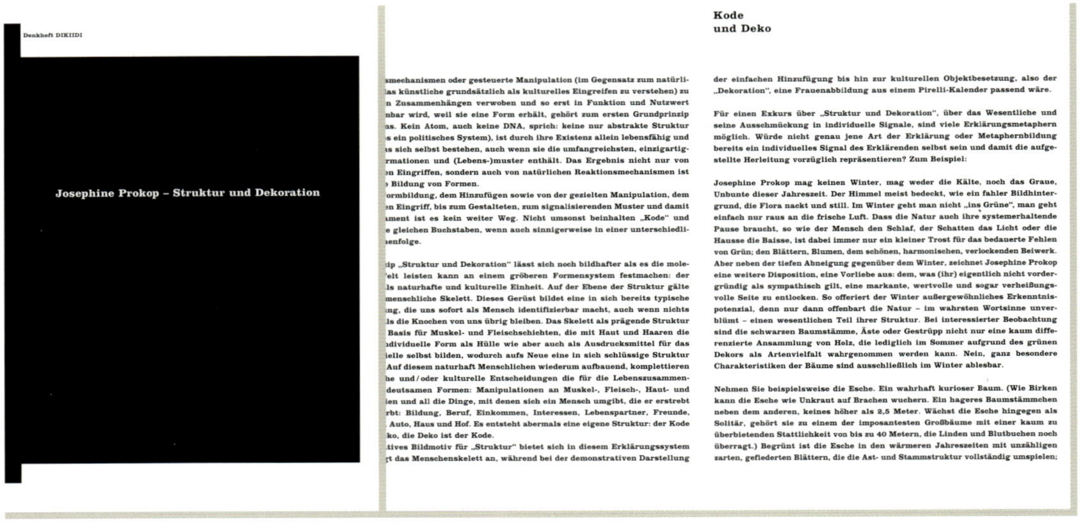

| **B2B** Imagebroschüre

TITEL EINREICHUNG
Denkheft DIKIIDI
Josephine Prokop – Struktur und Dekoration

ZIELGRUPPE
Kunden und solche, die es werden wollen,
Design- und Künstlerkollegen, Fach-/Lifestyle-
presse und die interessierte Öffentlichkeit.

KOMMUNIKATIONSZIEL
Persönliches Statement und Inspiration.
(Design)Theorie und (Design)Praxis.

AUFTRAGGEBER
Josephine Prokop – Corporate Branding

VERANTWORTLICH
Dr. Josephine Prokop

DOPPELDIPLOM
Design/Illustration

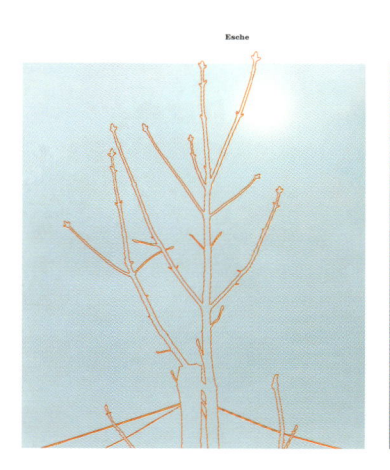

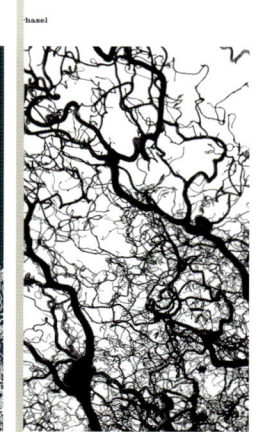

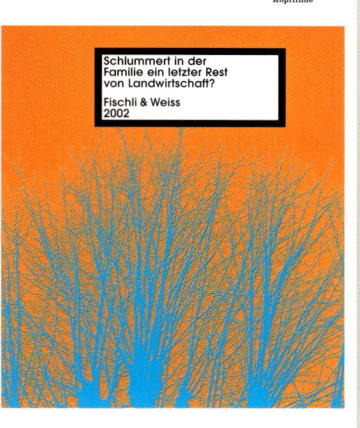

AGENTUR
Josephine Prokop – Corporate Branding

VERANTWORTLICH
CD/AD/Text/Foto/Grafik/Satz:
Dr. Josephine Prokop
Druck/Weiterverarbeitung:
Druckhaus Ley & Wiegandt

JURYBEGRÜNDUNG
Visuelle Experimente und guter Text.
Denken für Design – Hut ab.

B2C Mailing

TITEL EINREICHUNG
Maul-Tasche. Sag, was Sache ist.

ZIELGRUPPE
Breite Öffentlichkeit

KOMMUNIKATIONSZIEL
Wie schafft man es, dass die Bürger sich wieder einmischen in die Politik? Dass sie ihren Mund aufmachen, Stellung beziehen, Tacheles reden? Man braucht ein neues Medium zur Kommunikation. Die Maul-Tasche ist die Antwort auf Politikverdrossenheit. Ziel ist es, dass die Bürger mit den Papiertüten ihre Meinung öffentlich machen, dass sie andere zum Nachdenken bringen und dazu anregen, Stellung zu beziehen.

AUFTRAGGEBER
design hoch drei GmbH & Co. KG

VERANTWORTLICH
Geschäftsführung: Wolfram Schäffer, Susanne Wacker

DOPPELDIPLOM
Design/Typografie

AGENTUR
design hoch drei GmbH & Co. KG

VERANTWORTLICH
CD: Wolfram Schäffer
AD: Susanne Wacker
Typografie: Marcus Wichmann, Alexander Stertzig, Rosa Pupillo
Druck: WS-Team Verpackung und Werbung GmbH, Uwe Steeb

JURYBEGRÜNDUNG
Ein Anstoß, eine Provokation, eine Aktion – Tragetaschen werden zum Träger einer Herausforderung zur politischen und gesellschaftlichen Stellungnahme. Gestaltung und Typografie gehen miteinander einher.

B2B Imagebuch

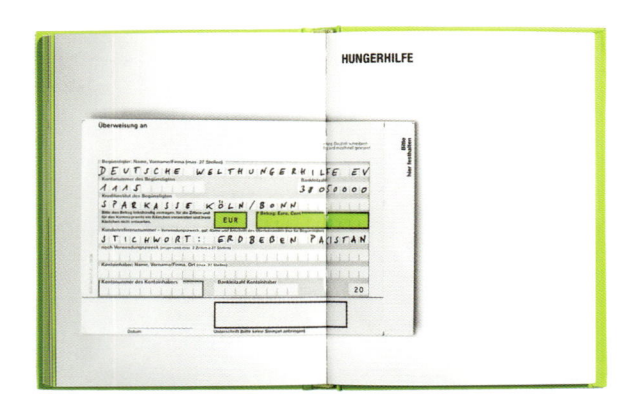

TITEL EINREICHUNG
KMS PRESENTS

ZIELGRUPPE
Auftraggeber und potentielle Auftraggeber, Kooperations- und Geschäftspartner, Fachpresse

KOMMUNIKATIONSZIEL
Das Buch ist als Weihnachtsgruß konzipiert. Augenzwinkernd spricht es die Thematik des Schenkens und der damit verbundenen Suche nach adäquaten Inhalten an: Alltagsobjekte werden – als „preisgünstige Geschenkidee" – in Nonsense-Objekte verwandelt. Die abschließende Aufforderung, für die Erdbebenopfer in Pakistan zu spenden, ist in den spielerischen Duktus integriert und vermeidet so unnötiges Pathos.

AUFTRAGGEBER
KMS Team GmbH

VERANTWORTLICH
Geschäftsführung: Knut Maierhofer, Michael Keller, Christoph Rohrer, Armin Schlamp

DIPLOM
Konzeption

DESIGNBÜRO
KMS Team GmbH

VERANTWORTLICH
CD: Knut Maierhofer, Christoph Rohrer
AD: Grace Chou
Fotografie: Mark Fernandes
Text: Dr. Axel Sanjosé
Produktion: Christina Baur
Reinzeichnung: Angela Keesman

JURYBEGRÜNDUNG
Zu Weihnachten ruft man sich gern in Erinnerung und bedenkt seine Kunden. Das Büro nutzte den Anlass und kombinierte nicht ganz ernst gemeinte Bild- und Begriffspaare mit einem sehr ernst gemeinten Spendenaufruf, der auf diese Weise umso eindringlicher beim Empfänger ankam. Diplom

B2B Imagebroschüre

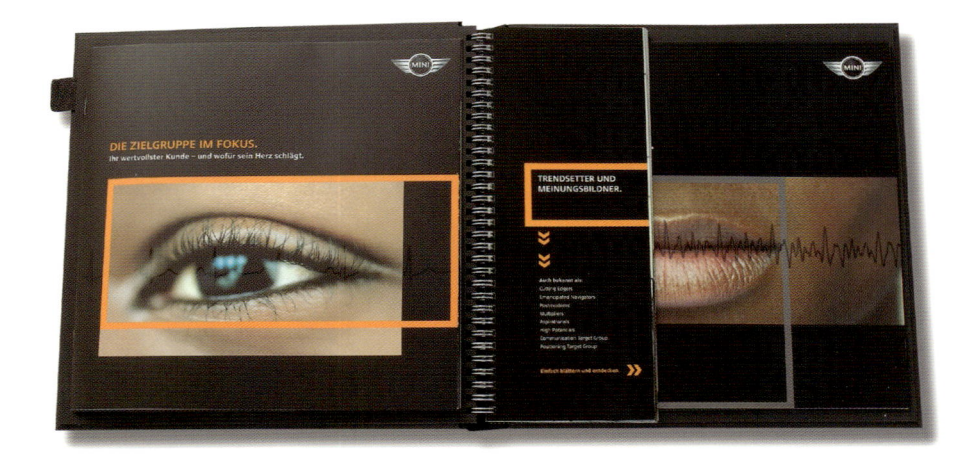

TITEL EINREICHUNG
Informations- und Trainingsunterlagen zur
MINI Kernzielgruppe:
OPEN UP YOUR TARGET GROUP

ZIELGRUPPE
Weltweite MINI Handelsorganisation/
Verkäufer in den Handelsbetrieben

KOMMUNIKATIONSZIEL
Die MINI Handelsorganisation soll sich intensiv mit der MINI Kernzielgruppe „Trendsetter und Meinungsbildner" beschäftigen, diese in Ihren Lebensgewohnheiten und Lebensstil kennen lernen und Berührungsängste abbauen. Das Wissen um die Kernzielgruppe soll im täglichen Verkaufsalltag eingesetzt werden.

AUFTRAGGEBER
Bayerische Motoren Werke AG

VERANTWORTLICH
MINI Brand Management: Willy Sabautzki

DIPLOM
Konzeption

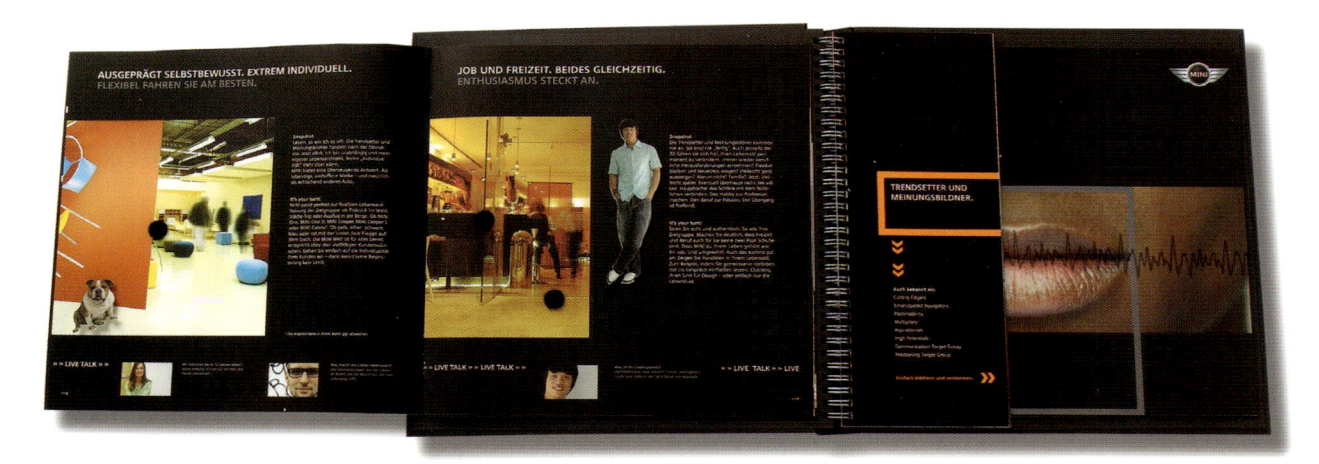

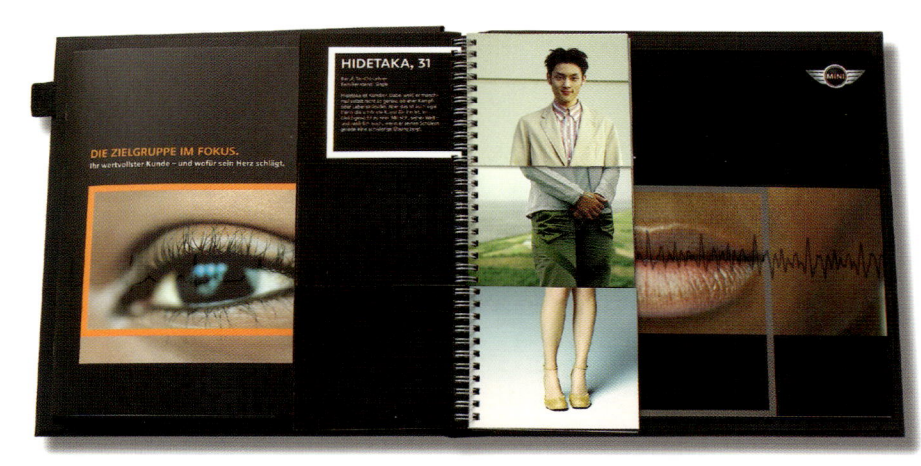

AGENTUR
klink, liedig werbeagentur gmbh

VERANTWORTLICH
CD: Ralf Kasper
AD: Andrea Gräfe
Text: Jens Paeschke
Beratung: Dieter Liedig

Kontakt: Petra Brandstätter
Produktion/Satz: Klink, Liedig
Lithografie: ORT Studios GmbH
Druck: Kastner&Callwey Fullservice Druckerei
Weiterverarbeitung: Refeka Werbemittel GmbH

JURYBEGRÜNDUNG
Im Stil der MINI-Kampagne realisierte Arbeit. Frisch, instruktiv und wirksam lernen hier Menschen, die Autos verkaufen sollen, ihre Zielgruppe besser kennen. Ein stimmiges Konzept in hochwertiger Umsetzung.

B2B Produktbroschüre

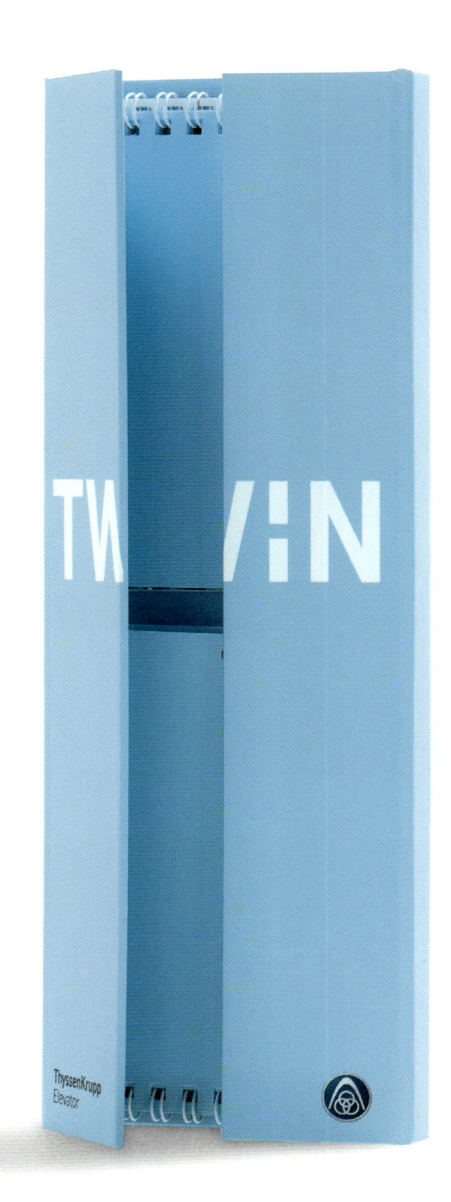

TITEL EINREICHUNG
ThyssenKrupp Elevator TWIN

ZIELGRUPPE
Entscheider für Personenbeförderungssysteme in aller Welt

KOMMUNIKATIONSZIEL
Kommunikation der Innovation TWIN: ein Aufzug, der zwei Kabinen in einem Schacht befördert.

AUFTRAGGEBER
ThyssenKrupp Elevator AG

VERANTWORTLICH
Referentin Communication & Marketing:
Dr. Monica Soffritti

DIPLOM
Konzeption

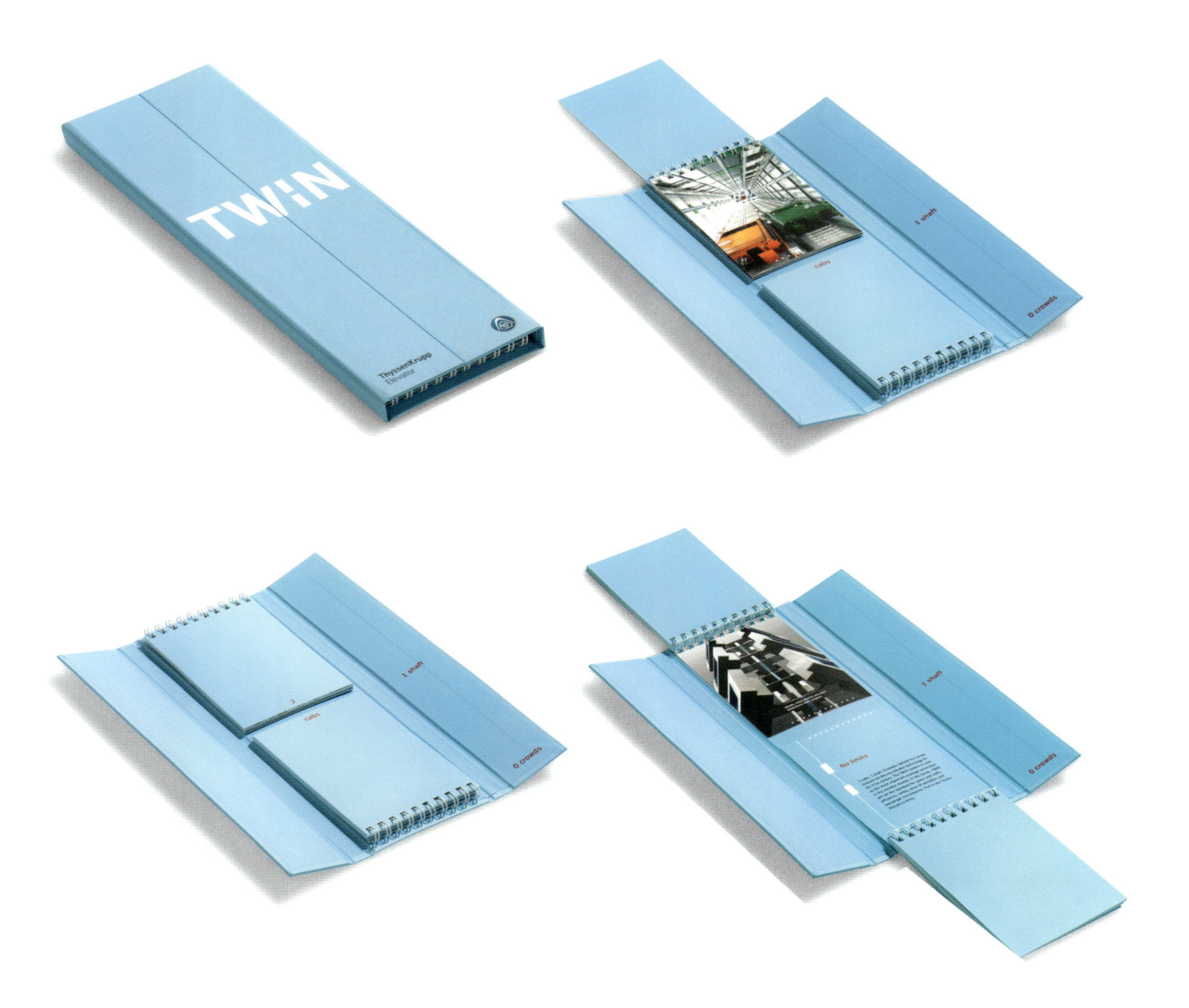

AGENTUR
RTS Rieger Team Werbeagentur GmbH

VERANTWORTLICH
Senior AD: Michaela Müller
Junior AD: Verena Trurnit
Text/Konzept: Ulrich Gielisch,
Francisco Navarro y Gomes

JURYBEGRÜNDUNG
Einfach, aber auf den Punkt gebracht: Zwei Aufzüge von Thyssen präsentieren sich hier in einem Schacht. Die klare Konzeption überzeugt und besticht. Leider wurden die übrigen Bewertungsbereiche eher schwächer bewertet; der Text ist selbst für deutsche Kunden nur in Englisch verfügbar. Diplom.

B2C Produktbroschüre

116 | 117

TITEL EINREICHUNG
Broschüre „CLK DTM AMG Cabriolet"

ZIELGRUPPE
AMG Fahrer, Sportwagen-Fahrer und Sammler

KOMMUNIKATIONSZIEL
Bekanntmachung und Abverkauf dieses exklusiven Fahrzeugs

AUFTRAGGEBER
Mercedes-AMG GmbH

VERANTWORTLICH
Leiter Produktmanagement und Produktkommunikation: Hendrik Hummel

DIPLOM
Konzeption

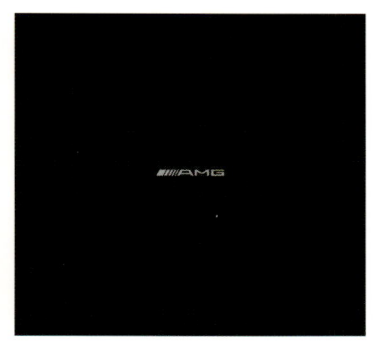

AGENTUR
SHANGHAI DGM
Werbeagentur GmbH & Co. KG

VERANTWORTLICH
CD: Heiner Rogge
AD: Heiner Rogge
Fotografie: Pascal Malamas
Text: Michael Spilker
Kundenberatung: Kati Beich

JURYBEGRÜNDUNG
Nach oben offen: Zwei Broschüren widmen sich den beiden Seelen in der Brust des sportlichen Fahrers. Die Lösung: Technik (und Zahlen) für den Kopf und die Fotos für das Herz. Ein sauberes Konzept – sehr originell und gelungen umgesetzt.

B2C Produktbroschüre

TITEL EINREICHUNG
Motiv-ator

ZIELGRUPPE
Partner, Kunden, potentielle Neukunden

KOMMUNIKATIONSZIEL
New Cat Orange ist eine Werbeagentur in Wiesbaden. Eine kleine Agentur mit einem großen Netzwerk von Spezialisten, die je nach Notwendigkeit für die einzelnen Aufträge zu Teams zusammengestellt werden. Als New Cat Orange sich entschied, seinen Partnern, Kunden und potenziellen Auftraggebern zu zeigen, was die Agentur so alles kann, war von vornherein klar, dass dies nicht mit einem gewöhnlichen Mailing getan werden kann. Zumal neben der Agenturdarstellung auch noch weitere Ziele angepeilt wurden: Zum einen galt es, den neu entwickelten Motiv-ator T-Shirt Shop von New Cat Orange vorzustellen, und zum anderen war es der Agentur wichtig, dass die Lektüre der Kommunikation für den Leser einen zusätzlichen, persönlichen Nutzen haben sollte.

DIPLOM
Konzeption

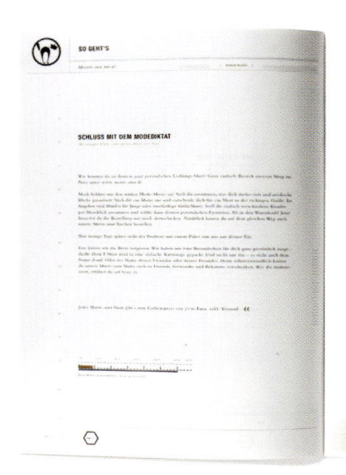

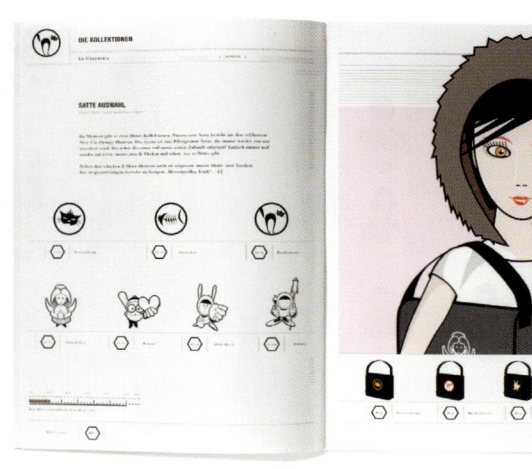

AUFTRAGGEBER
New Cat Orange

AGENTUR
New Cat Orange

VERANTWORTLICH
CD: HP Becker
Fotografie: Peter Poby, poby photography
Text: Cordula Becker, Folker Wrage
Produktion: Rahel Koschembar-Wend, Rent a Wend
Druck: Druckerei Imbescheidt

JURYBEGRÜNDUNG
„Originell", „gelungen", „gekonnt umgesetzt" und „motivationsstark" – so nur einige Kommentare zur vorliegenden Broschüre, mit der hier die Agentur New Cat Orange ihr Leistungsspektrum sowie den (eher ungewöhnlichen) zusätzlichen Leistungsbereich T-Shirt-Vertrieb ins Bewusstsein der Empfänger gebracht hat. Ein starkes Konzept – Diplom.

B2C Produktbroschüre

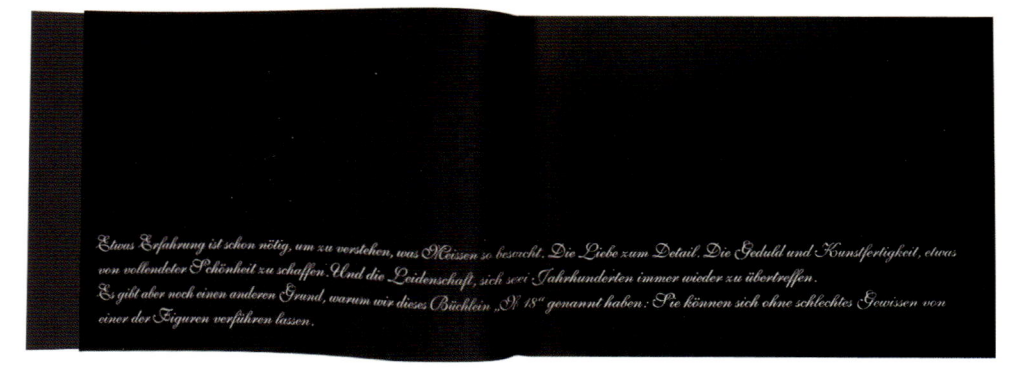

TITEL EINREICHUNG
Die Meissen ab 18 Broschüre

ZIELGRUPPE
a) Stammkunden:
 Sammler von Meissener Porzellan
b) moderne Ästheten: kaufkräftig, jung, gebildet und geschmacksorientiert

KOMMUNIKATIONSZIEL
a) Die Porzellanfiguren von Meissen von ihrem Image als Staubfänger befreien und zeigen, dass sie noch immer Ausdruck zeitloser Kunst sind.
b) Neue Zielgruppen für Meissen begeistern und qualifizierte Adressen generieren.

AUFTRAGGEBER
Staatliche Porzellan-Manufaktur Meissen GmbH

VERANTWORTLICH
Marketingleitung: Wolfgang Kolitsch

DIPLOM
Konzeption

AGENTUR
Scholz & Friends Berlin GmbH

VERANTWORTLICH
CD: Martin Pross, Raphael Püttmann, Mario Gamper
AD: Anje Jager
Grafik: Melanie Fischbach
Fotografie: Attila Hartwig c/o Nerger Mao
Text: Stephan Deisenhofer

Kundenberatung: Jörg Mayer, Michael Schulze
Produktion: Anikò Krüger
Art Buying: Adriana Meneses von Arnim
Bildbearbeitung: BerlinPostproduction, Andreas Freitag / appel Grafik Berlin

JURYBEGRÜNDUNG
Die Broschüre kommt gänzlich ohne Text aus – eigentlich ganz normal bei einem Thema für „über 18-Jährige". Und so wird erst auf den zweiten Blick erkennbar, dass es weniger um Erotik als um Porzellan geht. Konzeptionell stringent, spannend gemacht, gelungen aufbereitet und gekonnt umgesetzt – Respekt.

B2B Jahrbuch

TITEL EINREICHUNG
Das Jahrbuch des Art Directors Club für Deutschland e. V. 2005

ZIELGRUPPE
Agenturen, Unternehmen, Verlage

KOMMUNIKATIONSZIEL
Das Jahrbuch des Art Directors Club für Deutschland e. V. 2005 atmet vom Ledereinband mit ADC-Sheriff-Stern aus Blech bis zur letzten Seite staubige Goldgräber-Luft: In Fotografien, Illustrationen, Typografie und Text wird der alljährliche Kampf der Kreativen um ADC-Gold lebendig. Denn für die ADC-Nägel geht jeder Werber über Leichen.
Das Buch steckt die Claims ab und beschreibt den High Noon der Werbebranche mit individuell typografierten Wanted-Plakaten vor jeder Kategorie, authentischen Western-Fotos im ADC-Style und natürlich: Mit den besten Ideen Deutschlands.

AUFTRAGGEBER
ADC Verlag GmbH

VERANTWORTLICH
Marketingleitung: Susann Schronen

DIPLOM
Konzeption

AGENTUR
Strichpunkt GmbH

VERANTWORTLICH
CD: Kirsten Dietz, Jochen Rädeker, Felix Widmaier
AD: Felix Widmaier
Design: Susanne Hörner, Felix Widmaier
Typografie: Susanne Hörner
Illustration: Felix Widmaier
Fotografie: Michael Schnabel, Stuttgart

Text: Jochen Rädeker
Kundenberatung: Jochen Rädeker
Druck: Universitätsdruckerei H. Schmidt, Mainz

JURYBEGRÜNDUNG
Ein Buch, das laut daherkommt und eine Bühne für Arbeiten bietet. Ein Buch, das sich aber auch selbst in den Vordergrund stellt und damit die Bedeutung der Exponate reduziert. Der vermeintliche Widerspruch löst sich durch den Herausgeber und seine „Geste zur Selbstdarstellung" auf.

B2B Geschäftsbericht

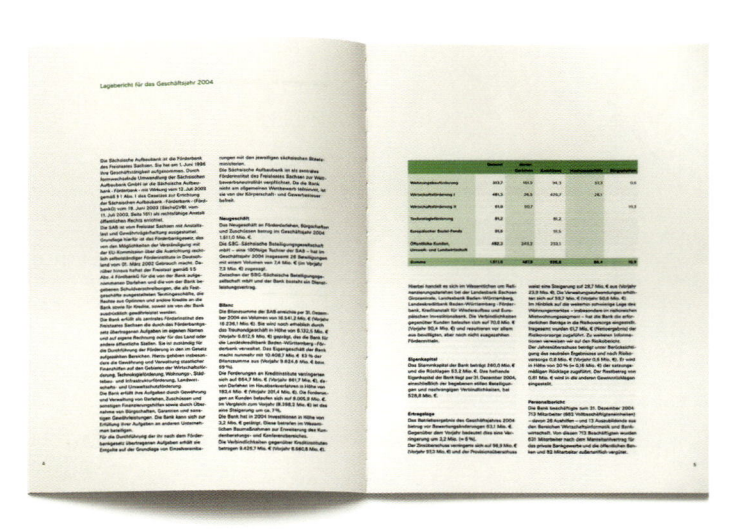

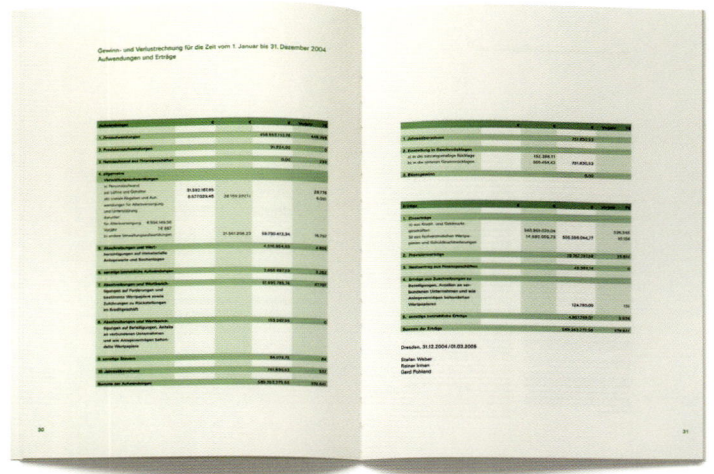

TITEL EINREICHUNG
Bericht der Sächsischen Aufbaubank
– Förderbank – für das Jahr 2004

ZIELGRUPPE
Kapitaleigner, politische Entscheidungsträger
und Kunden des Instituts in Sachsen sowie
alle anderen Förderbanken in Europa

KOMMUNIKATIONSZIEL
Die Sächsische Aufbaubank – Förderbank – als
wesentlicher Faktor für die Förderung und
Entwicklung tragfähiger Infrastrukturen im
Freistaat Sachsen.

AUFTRAGGEBER
Sächsische Aufbaubank – Förderbank –

VERANTWORTLICH
Vorstandsvorsitzender: Stefan Weber
Mitglieder des Vorstands: Rainer Irmen,
Gerd Pohland
Vorstandsstab: Jochen Fleger

DIPLOM
Konzeption

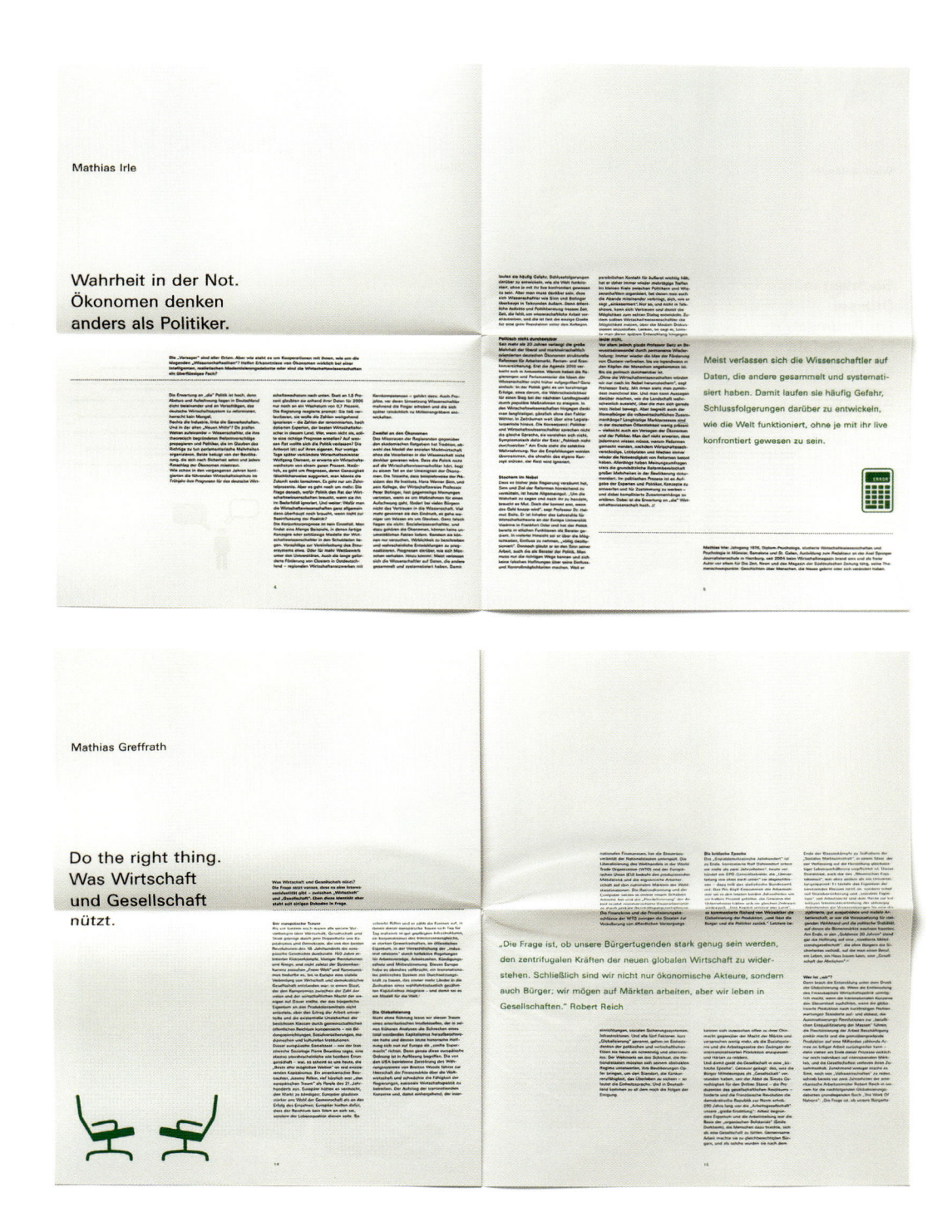

AGENTUR
Wild
Agentur für Kommunikation

VERANTWORTLICH
Annette Gräf
Dr. Gerhard Wild

JURYBEGRÜNDUNG
Eine Druckschrift, die durch ihre Schlichtheit besticht und überzeugt. Die reduzierte, puristische Gesamtpräsentation schafft Klarheit – optisch und im Hinblick auf die Darstellung der Geschäftszahlen, aber auch der gesellschaftspolitischen Aussagen, die im Zusammenhang mit dem Bankgeschäft stehen. Ein eigenständiger Ansatz der Informationsvermittlung, ein innovatives Konzept.

B2B Geschäftsbericht

TITEL EINREICHUNG
GfK Geschäftsbericht 2004

ZIELGRUPPE
Aktionäre, Investoren, Analysten, Presse, Mitarbeiter, Öffentlichkeit

KOMMUNIKATIONSZIEL
Ziel des Geschäftsberichtes 2004 der Gesellschaft für Konsumforschung war es, vom Umschlagfoto bis zum zahlengespickten Jahresabschluss, die komplexe Geschäftstätigkeit in größtmöglicher Transparenz dazustellen. Bereits die gewohnte Form der 150-seitigen, ringgebundenen Kartonkonstruktion mit deutlichen Gliederungsfunktionen sowie der mutige Einsatz der Unternehmensfarbe Orange in großen Flächen soll Neugier und Leselust wecken. Der mittlerweile bewährte journalistische Ansatz, ausgewählte Personen, in diesem Jahr waren es Mitarbeiter, in eigener Sache im Reportagestil zu Wort kommen zu lassen, ermöglicht eine beispielhafte Darstellung von Vorgehensweise und Arbeitsmethodik der einzelnen Geschäftsbereiche des weltweit agierenden Marktforschungsunternehmens. Das GfK-Credo „Growth from Knowledge" – Marktchancen in Erfolg verwandeln – wird damit nicht nur greifbar sondern auch fassbar und konkret. Der entscheidende Erfolgsfaktor wird darüber hinaus klar fokussiert. Der Mensch! Als Konsument, als Auftraggeber und als Mitarbeiter.

DIPLOM
Konzeption

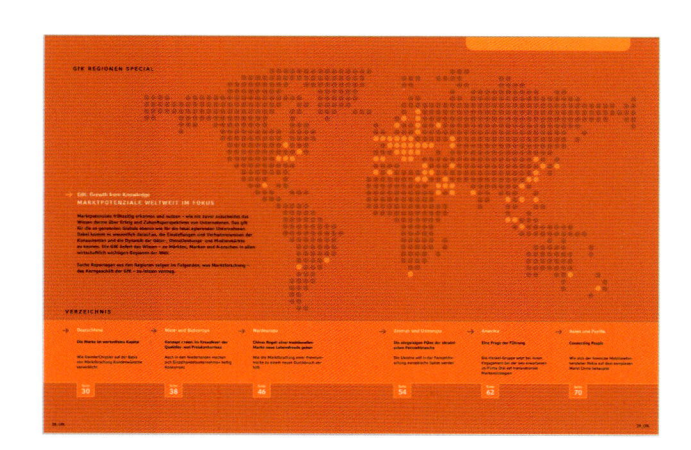

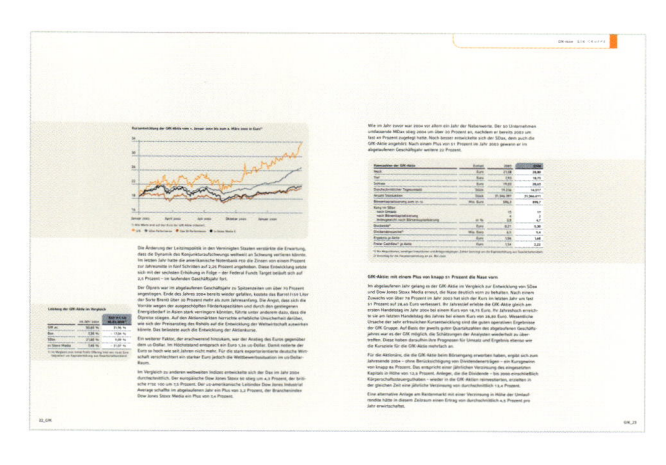

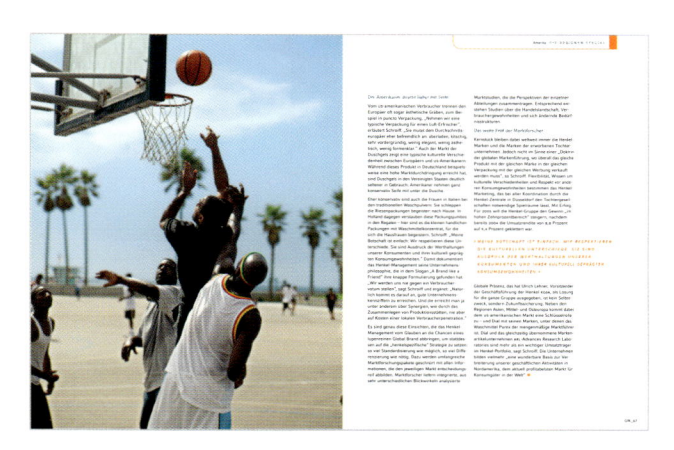

AUFTRAGGEBER
GfK AG

VERANTWORTLICH
Public Affairs and Communications:
Dr. Ulrike Schöneberg

AGENTUR
Scheufele Kommunikationsagentur GmbH

VERANTWORTLICH
AD: Nicola Sunderdiek
Illustration/Fotografie: Annette Hornischer
Text: GfK, Dr. Ulrike Schöneberg

Redaktionelle Mitarbeit: Medienservice Peter Reichard
Kundenberatung/Kontakt: Silke Asbrand
Satz: Peter Ripper
Lithografie: 607er Druckvorlagen GmbH
Druck/Weiterverarbeitung:
Mediahaus Biering GmbH

JURYBEGRÜNDUNG
Der Geschäftsbericht präsentiert sich unverkrampft und eingängig. Er bietet nicht nur die Pflichtangaben, sondern auch lohnende Informationen über das Arbeitsgebiet der Marktforschung und ihre Entwicklungen. Ein starkes Konzept!

B2C Kundenmagazin

TITEL EINREICHUNG
BMW Magazin special
Der neue 3er

ZIELGRUPPE
BMW Fahrer, BMW Interessenten, Freunde der Marke BMW

KOMMUNIKATIONSZIEL
Schaffung eines wirkungsvollen, global einsetzbaren Kommunikationsinstruments mit dem Ziel des kontinuierlichen Kundendialogs. Durch das Magazin sollen Markenbild und Wertewelt von BMW glaubwürdig vermittelt werden. Eingebettet in eine Reise von Los Angeles nach New York wird der BMW 3er journalistisch und fotografisch dynamisch und spannend porträtiert.

AUFTRAGGEBER
Bayerische Motoren Werke AG

VERANTWORTLICH
Objektleiterin: Sabine Gigl

DIPLOM
Konzeption

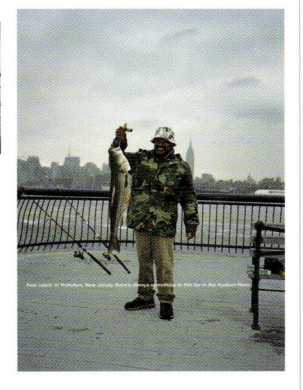

AGENTUR
HOFFMANN UND CAMPE Corporate Publishing

VERANTWORTLICH
CD: Dirk Linke
AD: Anna Clea Skoluda
Fotografie: Christopher Thomas
Chefredaktion: Bernd Zerelles
Objektleitung: Marco Krönfeld
Bildredaktion: Gabriele Mayrhofer-Mik

JURYBEGRÜNDUNG
Spannende Impressionen liegen bei der Kombination von Autoprospekt und Reisebericht nahe. Im vorliegenden Fall werden Markenwelten gekonnt und authentisch in gedruckter Form erlebbar gemacht. Das Konzept entspricht der Positionierung des Fahrzeuges und präsentiert sich qualitätvoll; etwas weniger Product Placement hätte aber die Wirkung noch verstärkt. Schade war zudem, dass die gewählten erlebnisbetonten Fotos, die die Broschüre zum visuellen Erlebnis machen, nicht durchgängig eingesetzt wurden.

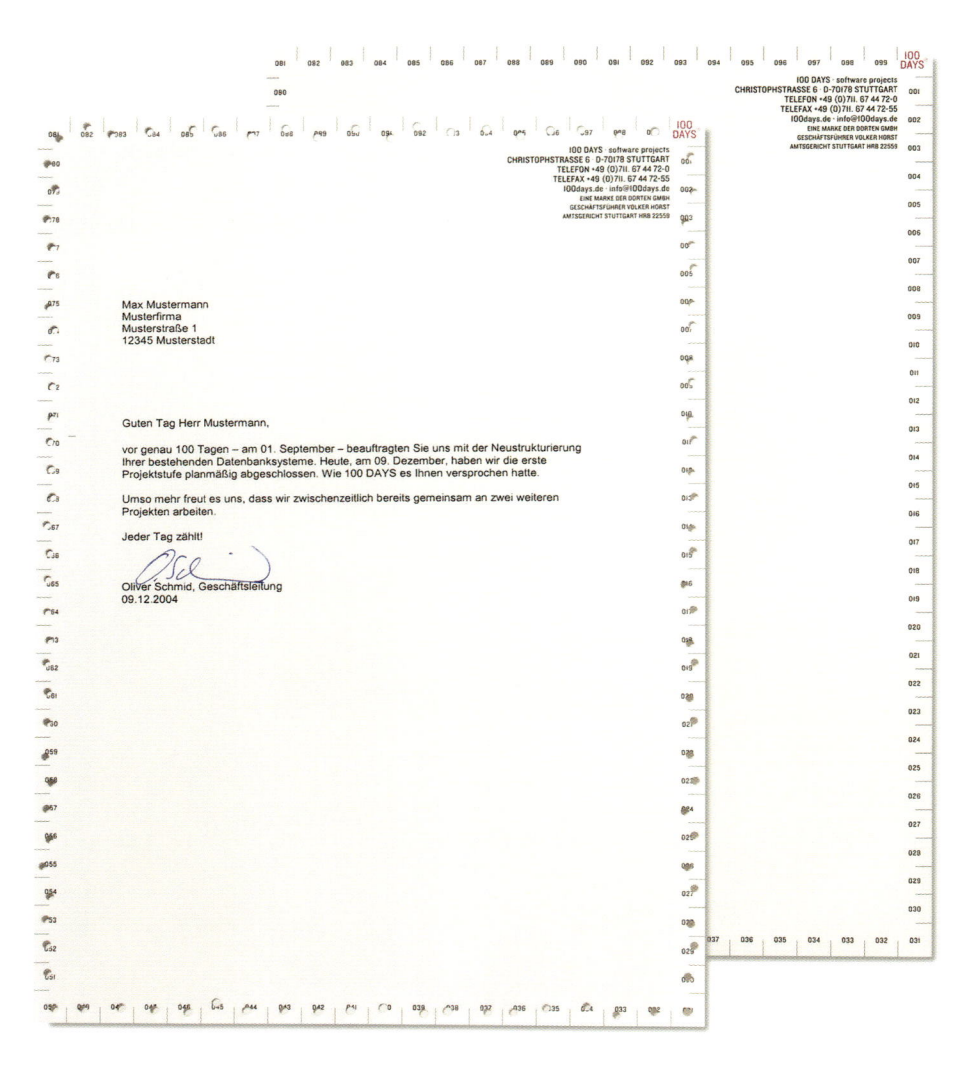

B2B Mailing

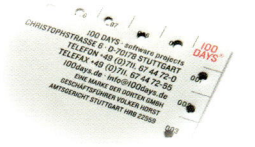

TITEL EINREICHUNG
100 DAYS Corporate Design

ZIELGRUPPE
Kunden von 100 DAYS: vor allem IT-Leiter und Manager im IT-Bereich

KOMMUNIKATIONSZIEL
Das Kommunikationsziel des Corporate Design von 100 DAYS ist, die Marke 100 DAYS und ihr Markenversprechen, Individualsoftware innerhalb von 100 Tagen mit nennbaren Ergebnissen zu entwickeln, sichtbar und berührbar zu machen.

AUFTRAGGEBER
100 DAYS

VERANTWORTLICH
Marketingleiter: Gaylord Aulke

DIPLOM
Konzeption

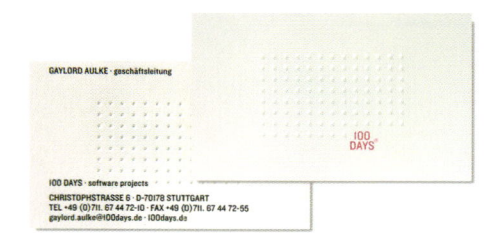

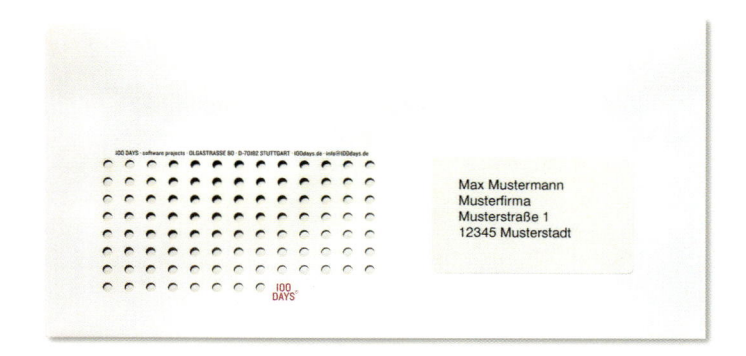

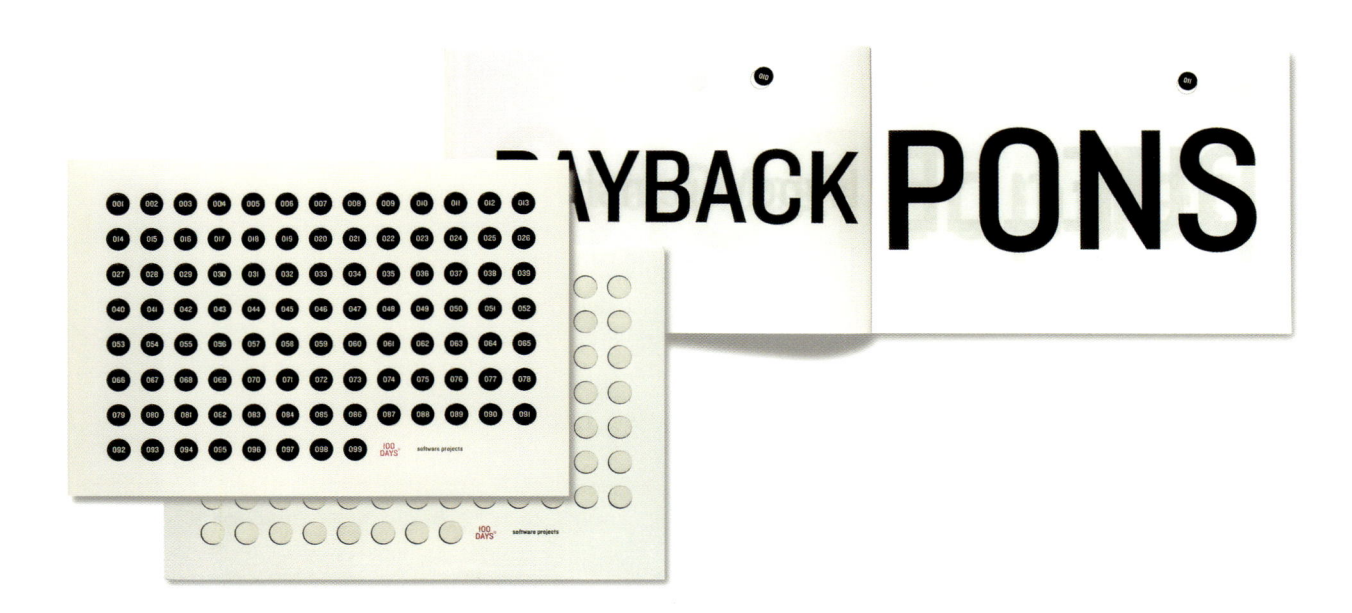

AGENTUR
Dorten Bauer

VERANTWORTLICH
CD: Jörg Bauer, Christian Schwarm

JURYBEGRÜNDUNG
Das Versprechen, Softwarelösungen in 100 Tagen zu liefern, wird glaubwürdig, facettenreich und sehr schön umgesetzt. Dies wird auch dem Anwender nachhaltig bewusst: Er überträgt jeden Tag einen Klebepunkt vom „Soll-" ins „Ist"-Buch. Ein konsequentes und zugleich originelles Mailing.

B2C Mailing

TITEL EINREICHUNG
Mercedes-Benz S-Klasse Launch,
One-to-One Maßnahmen

ZIELGRUPPE
S-Klasse Bestandskunden

KOMMUNIKATIONSZIEL
1. Bestandskunden informieren, begeistern und zum Wiedereinkauf anregen
2. Positionierung der S-Klasse stützen
Umsetzung erfolgt in drei Schritten:

Schritt 1: Brief vom Vorstand mit ersten exklusiven Informationen und Fotos der neuen S-Klasse
Schritt 2: Übergabe eines personalisierten S-Klasse Modells sowie eines History und Product Information Booklets
Schritt 3: Einladung zur Markteinführung

DIPLOM
Konzeption

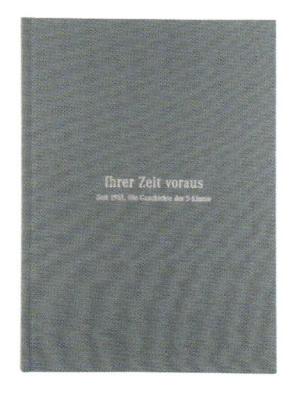

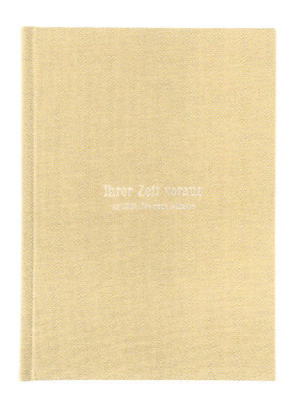

AUFTRAGGEBER
DaimlerChrysler AG

VERANTWORTLICH
Manager One-to-One Marketing:
Christoph Reichle

AGENTUR
Springer & Jacoby
Werbeagentur GmbH & Co. KG

VERANTWORTLICH
AD: Anja Allen
Text: Sven Rumpf

JURYBEGRÜNDUNG
Unter den Arbeiten dieser Kategorie auffallend: Ein Auftritt im „Mercedes-look-and-feel", personalisiert und damit ganz nah am Empfänger. Mit ansprechender Dialogmechanik und hoher Qualität auch der begleitenden Druckschriften präsentiert sich hier ein wertiges Männerspielzeug, das „seiner Zeit voraus" ist.

B2B Imagebroschüre

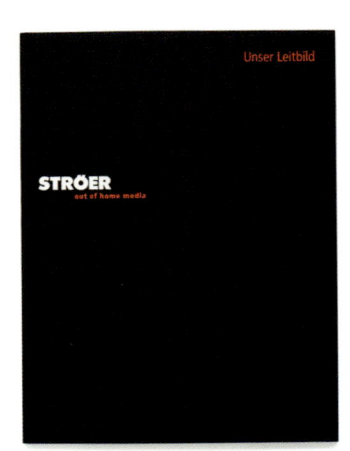

TITEL EINREICHUNG
Unser Leitbild

ZIELGRUPPE
Mitarbeiter, mittelbar auch Kunden, Dienstleister, Investoren

KOMMUNIKATIONSZIEL
Leitbild vermitteln, Identifikation mit Leitbild und Unternehmen fördern, Motivation und Vertrauen ins Unternehmen stärken

AUFTRAGGEBER
Ströer Out-of-Home Media AG, Köln

VERANTWORTLICH
Leiter Unternehmenskommunikation:
Jörg Lammers

AGENTUR
vonbremen, Kommunikationsdesign, Düsseldorf

VERANTWORTLICH
CD: Anke von Bremen
Grafik: Ethel Strugalla, Nilab Amir
Fotografie: Marcus Müller, Köln (Mitarbeiter)
Text: Norbert Herwig
Druck: Plan u. Druck GbR, Düsseldorf

DIPLOM
Text

JURYBEGRÜNDUNG

Die ungeliebte und schwierige Disziplin
der internen Kommunikation wird bei dieser
Druckschrift zur Vermittlung des Ströer Leit-
bildes an die Mitarbeiter bestens in Worte
umgesetzt. Entstanden ist weniger eine Pflicht-
lektüre als ein Anlass für Lesevergnügen, das
eine vertiefende Auseinandersetzung fördert.

B2B Imagebroschüre

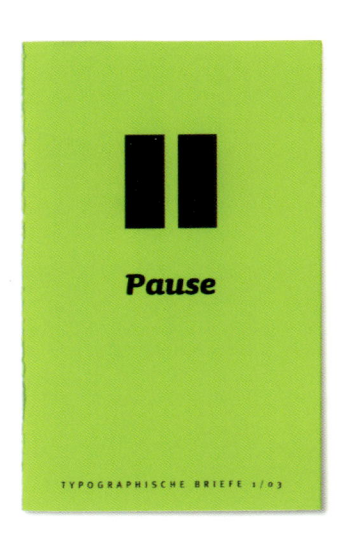

TITEL EINREICHUNG
Typografische Briefe

ZIELGRUPPE
Kunden, Interessierte, Leistungspartner

KOMMUNIKATIONSZIEL
Positionierung als Design- und Kommunikationsagentur mit Eigensinn. Medium zur Kundenbindung und zum Aufbau neuer Kontakte. Auslöser für „Gespräche auf Augenhöhe" mit Kunden, Interessenten und Leistungspartnern.

AUFTRAGGEBER
KOCHAN & PARTNER GmbH

VERANTWORTLICH
Geschäftsführung: Boris Kochan

DIPLOM
Text

AGENTUR
KOCHAN & PARTNER GmbH

VERANTWORTLICH
Konzept: Gabriele Werner, Mano Wittmann, Ulrich Müller, Boris Kochan
Gestaltung: Mano Wittmann
Produktion: Katja Knahn

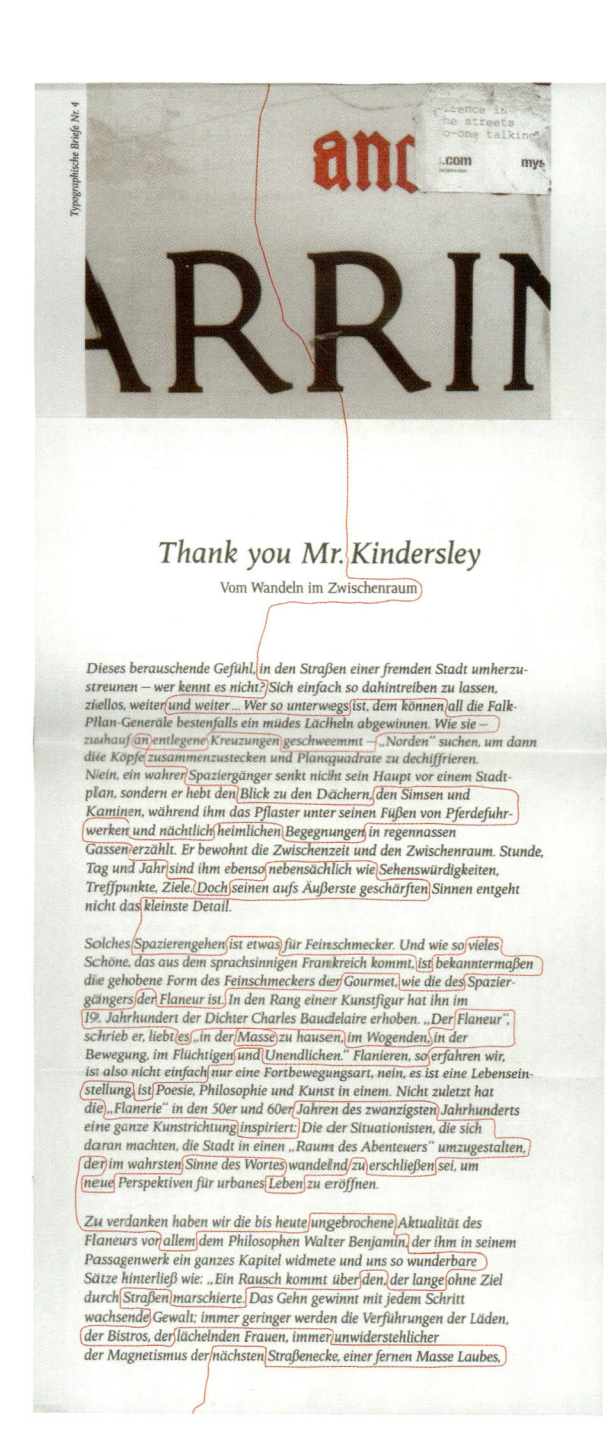

JURYBEGRÜNDUNG
Sequenzen, Gedanken und Fundstücke aus Literatur, Geschichte und Alltag bilden die Ausgangspunkte für Erbaulich-Philosophisches, mit dem die Agentur in regelmäßgen Abständen ihre Kunden erfreut. Die „Briefe" sind zudem eine originell gestaltete und hochwertig typografierte Augenweide.

B2C Imagebroschüre

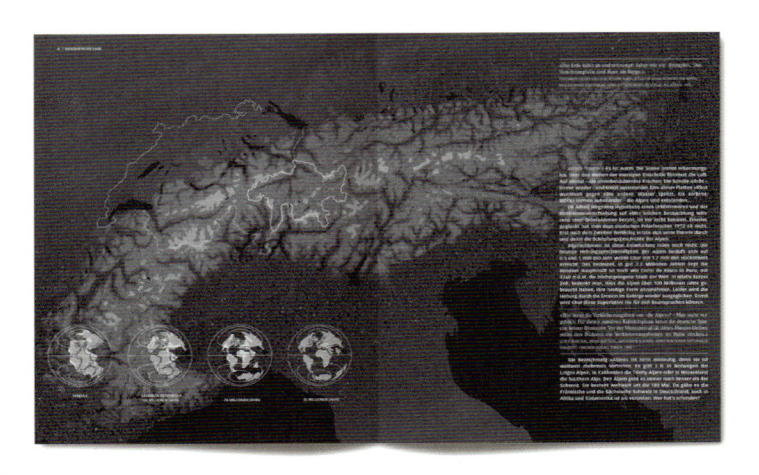

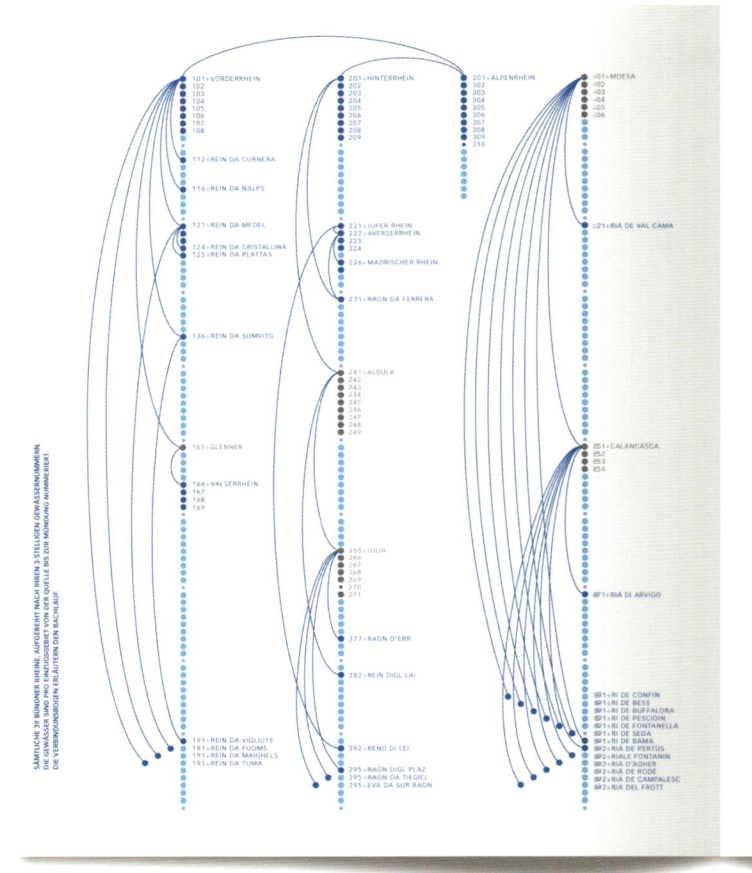

TITEL EINREICHUNG

Grischata, Graubünden zwischen Wahn und Wirklichkeit

ZIELGRUPPE

Einheimische und Gäste oder solche, die es werden wollen.

KOMMUNIKATIONSZIEL

Ziel des Buches „Grischata" ist es, den Ferienkanton Graubünden auf eine ungewöhnliche, überraschende Art vorzustellen. Graubündens statistische Daten werden in Bezug zu drei imaginären, reduzierten Modellen „Berg, Ebene und Tal" gesetzt. Grafiken und Illustrationen erleichtern den schnellen Einstieg in straffe, oft ironische Texte, Anekdoten oder Geschichten rund um die Zahlen.

Die Arbeit soll Neugierde wecken, zum Schmökern anregen, Erstaunen hervorrufen, zum Schmunzeln verleiten – die Neuentdeckung Graubündens.

DIPLOM
Text

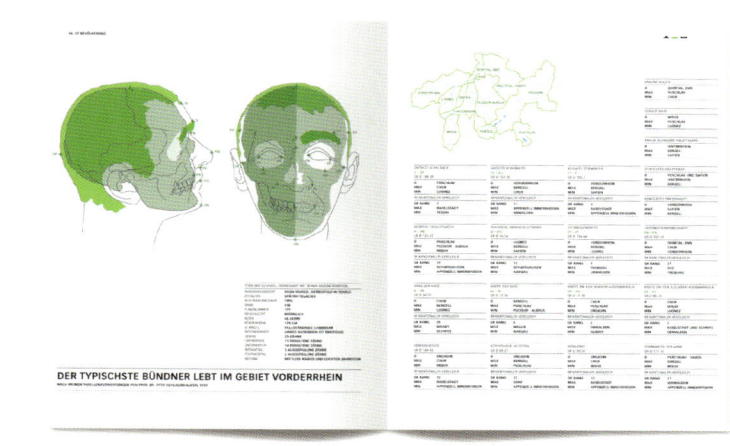

AUFTRAGGEBER
3Z Informationsgrafik und Architektur

VERANTWORTLICH
Christina Luzzi

AGENTUR
3Z Informationsgrafik und Architektur

VERANTWORTLICH
Christina Luzzi

JURYBEGRÜNDUNG
Endlich einmal schmunzelnd einen Tourismusführer lesen – einfach hervorragend gelungen. Diese Druckschrift bricht alle Regeln …

B2C Ausstellungskatalog

TITEL EINREICHUNG
Contemporary Rug Art
Katalog Jan Kath

ZIELGRUPPE
Innenarchitekten

KOMMUNIKATIONSZIEL
Das Ziel des Kataloges ist es, die Teppich-designs von Jan Kath ungewöhnlich zu präsentieren.

AUFTRAGGEBER
Jan Kath GmbH

VERANTWORTLICH
Geschäftsführung: Jan Kath

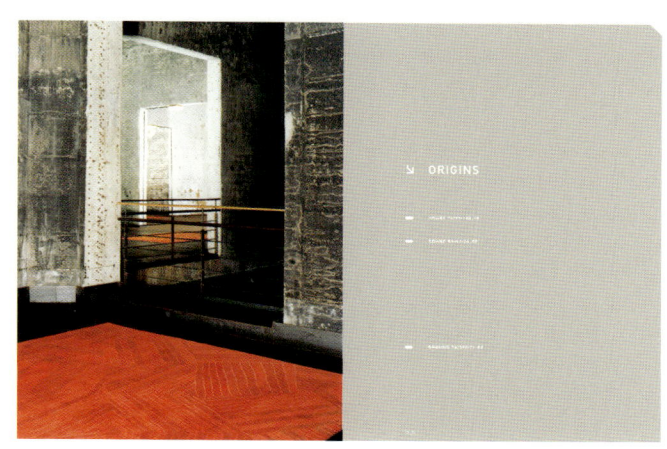

DIPLOM
Design

AGENTUR
Oktober Kommunikationsdesign GmbH

VERANTWORTLICH
CD: René Wynands, Silke Löhmann
Fotografie: Rüdiger Knobloch

JURYBEGRÜNDUNG
Ein hervorragendes und zugleich aufregendes Konzept: Aufbauend auf einer guten Idee und der gewählten besonderen Location, nutzt es geschickt den Kontrast von Ambiente und Produkt.

⊣ **B2B** Kalender

142 | 143

Claus Koch™
Zeitreisen 2006

TITEL EINREICHUNG
Zeitreisen 2006

ZIELGRUPPE
Kunden, Geschäftspartner und Freunde von Claus Koch™

KOMMUNIKATIONSZIEL
Eine persönliche Ansprache an unsere Kunden, Geschäftspartner und Freunde zum Jahreswechsel: Das Team Claus Koch™ hat seine Lieblingswege aufgezeichnet und nimmt jeden auf eine kleine Reise mit.

AUFTRAGGEBER
Claus Koch™

VERANTWORTLICH
Managing Partner: Claus Koch, Waltraud Teleu

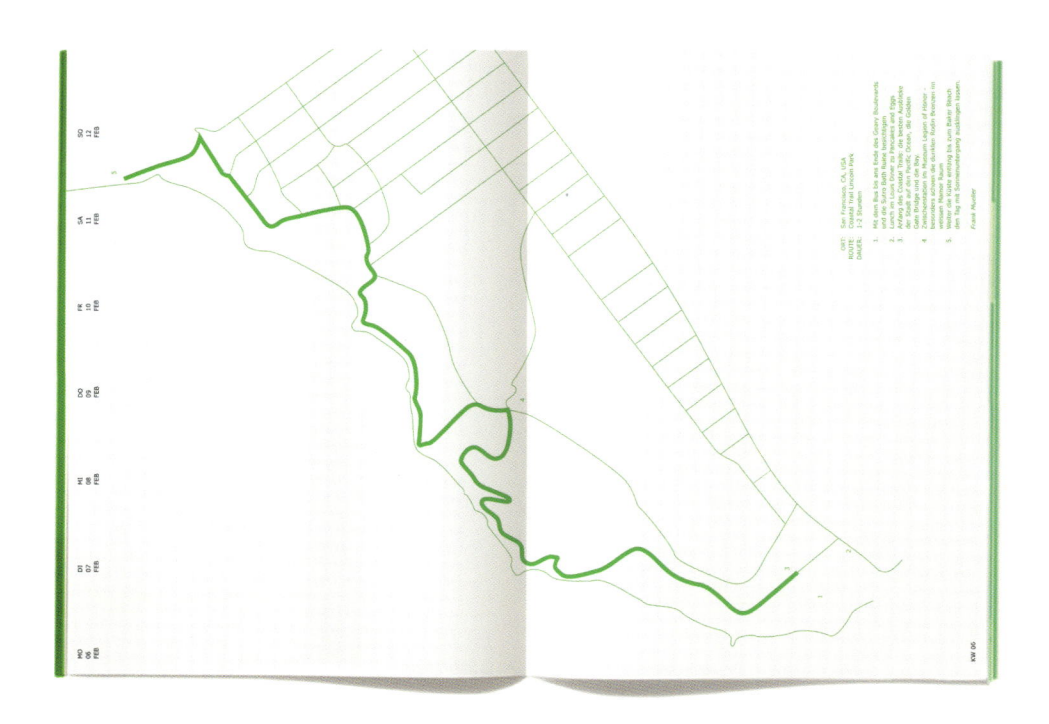

DIPLOM
Design

AGENTUR
Claus Koch™

VERANTWORTLICH
Managing Partner: Claus Koch
Executive CD: Frank Mueller
Design: Susan Gnaiger, Sylke Janetzky
Project Management: Susanna von Simson

JURYBEGRÜNDUNG
Lieblingswege der Mitarbeiter – auf das Wesentliche reduziert. Der Kalender bietet spannende Grafik durch den positiv-negativ-Kontrast, wobei der Bunddurchdruck eine besondere Herausforderung auch für das Grafikdesign darstellt.

B2B Produktbroschüre

144 | 145

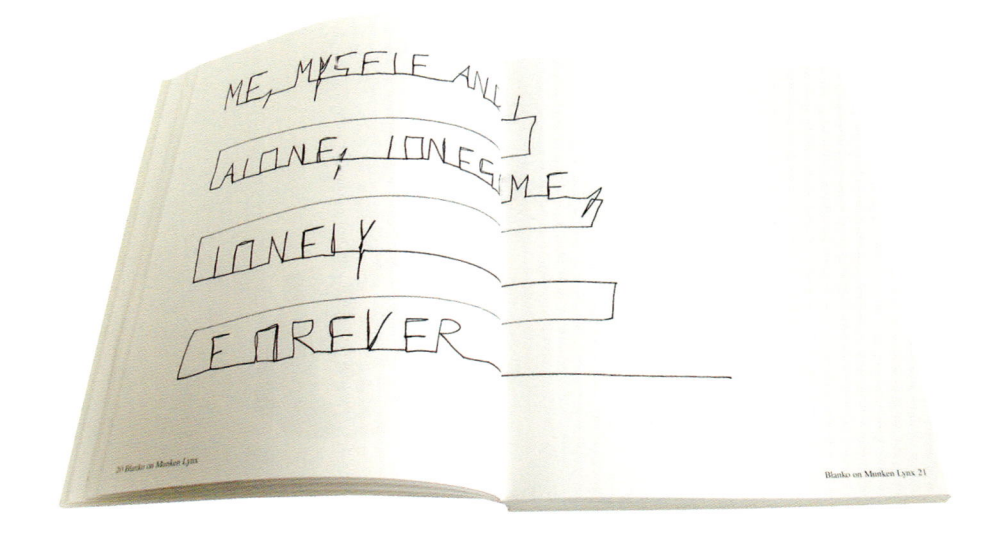

TITEL EINREICHUNG
Blanko/Buch

ZIELGRUPPE
Grafik Designer

KOMMUNIKATIONSZIEL
Den erhöhten Weißegrad dreier Papiere der
Firma Arctic Deutschland zu kommunizieren

AUFTRAGGEBER
Arctic Paper Deutschland GmbH

VERANTWORTLICH
Business Development Manager:
Helmut Klinkenborg

DIPLOM
Illustration

AGENTUR
SIGN Kommunikation GmbH

VERANTWORTLICH
CD: Antonia Henschel

JURYBEGRÜNDUNG

Das tagebuchartige Büchlein besticht durch seine Einfachheit, Leichtigkeit und Experimentierfreudigkeit. Munken stellt drei Papierqualitäten vor. Ihr Papier ist erst einmal weißblanco; durch die verschiedenen zeichnerischen Stilmittel, die mit gekonnter, leichter Hand das Papier „beschreiben", wird beim Betrachter Neugierde geweckt. Jede Seite macht Spass, man bekommt Lust, selbst die Seiten zu füllen mit eigenen Geschichten und Ideen. Ein faszinierendes Projekt mit außergewöhnlicher und inspirierender Ästhetik.

B2C Produktbroschüre

TITEL EINREICHUNG
Imagebroschüre C.O.D. Damenjeans

ZIELGRUPPE
Jeanskäuferinnen ab Mitte 20

KOMMUNIKATIONSZIEL
Die Imagebroschüre begleitet die Launchkampagne der neuen Damenjeans C.O.D., die in auflagenstarken Frauen- und Lifestyletiteln beworben wird. Dabei ist das Herkunftsland der C.O.D.-Jeans von zentraler Bedeutung. Kolumbien ist nicht nur der Produktionsort, sondern stellt gleichzeitig den emotionalen Mehrwert dar. Aufgabe der Imagebroschüre ist es, diesen Mehrwert sowohl visuell als auch textlich zu transportieren; die Sinnlichkeit, die Romantik und die Vielfalt Kolumbiens atmosphärisch zu vergegenwärtigen.

DIPLOM
Druck

AUFTRAGGEBER
JOKER, Jürgen Bernlöhr GmbH

VERANTWORTLICH
Inhaber und Geschäftsführer: Jürgen Bernlöhr

AGENTUR
DIE CREW AG Werbeagentur

VERANTWORTLICH
AD: Christine Jindra
Beratung: Stephanie Wurzer
Produktion: Ralph Sprenger
Druckvorstufe: Matthias Sandkühler

JURYBEGRÜNDUNG
Die Verwendung von Naturpapier ist eine Herausforderung für jeden Drucker. Hervorzuheben sind u.a. die exzellente Reproduktion und die feine Wiedergabe der Raster; auch die materialbedingten Schwierigkeiten bei Hauttönen wurden ausgezeichnet gemeistert.

B2C Imagebroschüre

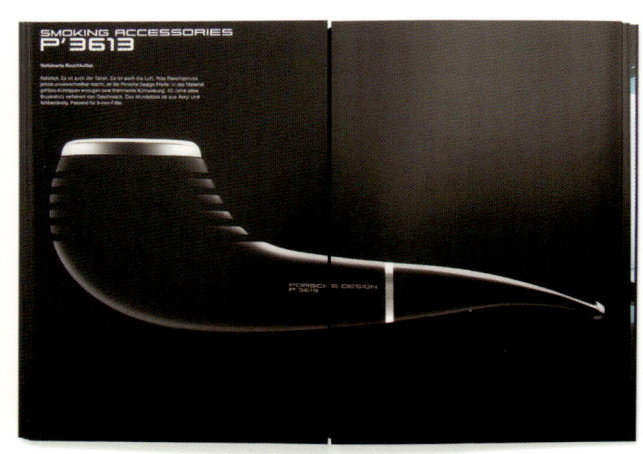

TITEL EINREICHUNG
Porsche Design Imagebroschüre

ZIELGRUPPE
Porsche Design richtet sich an eine ausschließlich männliche Zielgruppe, design- und technikaffin, im Alter von 35 bis 55 Jahren mit einem HHNE + 75.000 Euro.

KOMMUNIKATIONSZIEL
Porsche Design Produkte sind fundamental, nicht dekorativ – sie sind engineered, nicht einfach nur perfekt gestaltet. Die Funktion aller Produkte diktiert die Form. Diese Prinzipien schlagen die Brücke zwischen Porsche Design und der Muttermarke Porsche. Die einzigartige Engineering-Kompetenz der Marke Porsche Design übersetzt das „Form-Follows-Function"-Prinzip in jedem Produkt und bildet zugleich ihre Alleinstellung im Markt der weltweit führenden Luxusmarken.
Die Imagebroschüre soll den unverkennbaren Charakter der Marke konsequent umsetzen und das heterogene Produktportfolio – eine Vielzahl von Accessoire-Kategorien – adäquat und überraschend inszenieren.

DIPLOM
Druck

AUFTRAGGEBER

Porsche Lizenz- und
Handelsgesellschaft mbH & Co. KG

AGENTUR

KW43 BRANDDESIGN

VERANTWORTLICH
CD: Margit Tabert
AD: Holger Jörg
Junior AD: Mirjam Zastrau
Beratung: Michael Rewald, Alexandra Sobota

JURYBEGRÜNDUNG

Diese Arbeit ist im Hinblick auf die hohen repro- und drucktechnischen Anforderungen gleichwertig mit der auf der nachfolgenden Doppelseite dargestellten Broschüre; beide wurden somit gemeinsam bewertet, siehe Folgeseite.

B2C Produktbroschüre

TITEL EINREICHUNG
Porsche Design Uhrenbroschüre

ZIELGRUPPE
Porsche Design richtet sich an eine ausschließlich männliche Zielgruppe, design- und technikaffin, im Alter von 35 bis 55 Jahren mit einem HHNE + 75.000 Euro.

KOMMUNIKATIONSZIEL
Porsche Design Produkte sind fundamental, nicht dekorativ – sie sind engineered, nicht einfach nur perfekt gestaltet. Die Funktion aller Produkte diktiert die Form. Diese Prinzipien schlagen die Brücke zwischen Porsche Design und der Muttermarke Porsche. Die einzigartige Engineering-Kompetenz der Marke Porsche Design übersetzt das „Form-Follows-Function"-Prinzip in jedem Produkt und bildet zugleich ihre Alleinstellung im Markt der weltweit führenden Luxusmarken.

DIPLOM
Druck

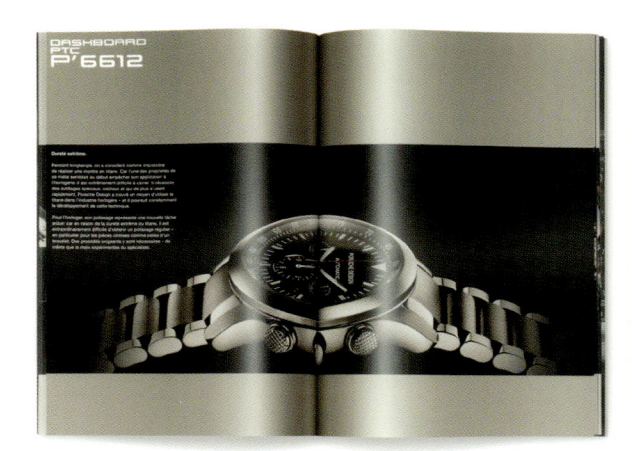

AUFTRAGGEBER
Porsche Lizenz- und
Handelsgesellschaft mbH & Co. KG

AGENTUR
KW43 BRANDDESIGN

VERANTWORTLICH
CD: Margit Tabert
AD: Arndt Klos
Beratung: Michael Rewald, Alexandra Sobota

JURYBEGRÜNDUNG
Beide Broschüren sind durch ausgesprochen schwierige Druckparameter gekennzeichnet: Feinste Abstufungen im Raster, Negativschrift, große Schwarzflächen, hochwertigste Metallmotive, die gekonnte Verwendung von Metallicfarben sind Highlights. Leider lässt die gewählte Klebebindung häufiger wichtige Details im Bund verschwinden und stellt den Buchbinder vor (vermeidbare) Probleme.

B2B Geschäftsbericht

Kunden . Märkte . Performance .

In den technisch anspruchsvollen Märkten Europas ist die **maximale Kundennähe** von GILDEMEISTER besonders wertvoll. Mit Technologiemaschinen für höchste Produktivität sowie innovativen Service- und Softwareprodukten verhelfen wir unseren Kunden zu spürbaren Wettbewerbsvorteilen auf ihren Märkten. Dies macht GILDEMEISTER zum führenden Partner von Unternehmen in der spanenden Fertigung. Mit insgesamt 19 Neuentwicklungen im laufenden Geschäftsjahr werden wir diese Führungsrolle auch 2005 untermauern.

Europa

„Unsere Kunden verlangen höchste Präzision und kompromisslose Qualität just in time. Mit DMG Maschinen erreichen wir dieses Ziel."

Manfred Ebbers,
Leiter der Produktion,
Aerotech Peissenberg GmbH & Co. KG,
Peissenberg, Deutschland

Kunden . Märkte . Performance .

Unser Auftragsvolumen in den USA zeigt, dass sich der dortige Investitionsstau auflöst und eine große Nachfrage nach innovativen Technologiemaschinen besteht. Im Berichtsjahr konnte GILDEMEISTER die Zahl der verkauften Maschinen deutlich steigern. Die Basis dieses Erfolges bilden unsere Innovationen und unsere Kundennähe, die uns immer wieder **neue Marktpotenziale** eröffnen. Auch in diesem Jahr werden wir unsere Vertriebs- und Serviceaktivitäten ausbauen, um unsere Kunden optimal zu betreuen.

USA

„Mit DMG Maschinen konnte Oberg Industries die Rüst- und Bearbeitungszeiten deutlich senken. Gleichzeitig haben wir den Durchsatz erhöht und unsere Position als Weltklasse-Hersteller unter Beweis gestellt."

Karl Rusnak, Oberg Industries,
Freeport, Pennsylvania, USA

Kunden . Märkte . Performance .

GILDEMEISTER hat sich in Asien bestens etabliert und an der Werkzeugmaschinennachfrage partizipiert. In China ist in den letzten Jahren der weltweit größte Markt für Werkzeugmaschinen entstanden. GILDEMEISTER hat dies frühzeitig erkannt und seine Präsenz fortwährend ausgebaut. Mit dem Produktionswerk in Shanghai bieten wir unseren Kunden Kompetenz in unmittelbarer Nähe und wollen ihnen so zusätzliche **Effizienzsteigerungen** offerieren.

Asien

„Mit der Performance und Flexibilität von DMG Maschinen können wir unsere Dienstleistungen ausbauen und in neue Märkte vorstoßen."

Chang-Ho Lee, President,
Silhan Machine, Kyongju, Korea

B2B Geschäftsbericht

TITEL EINREICHUNG
KUNDEN.MÄRKTE.PERFORMANCE

ZIELGRUPPE
Aktionäre, Investoren und Interessenten

KOMMUNIKATIONSZIEL
Der Geschäftsbericht zählt zu den jährlichen Highlights der GILDEMEISTER Konzernkommunikation. In seiner Funktion als hochwertiges Informationsmedium für Öffentlichkeit und Shareholder zeigt er erbrachte Unternehmensleistungen, Potenziale und Zukunftschancen des Konzerns.

Für den aktuellen Geschäftsbericht 2004 wurde mit den Schlagworten „Kunden, Märkte, Performance" ein funktionales Gesamtkonzept ausgearbeitet. Es steht für die Konzernstrategie und gleichzeitig als inhaltliches Konzept für beschreibende Texte, attraktive Bildstrecker und Einzelmotive aus den verschiedenen Geschäftsbereichen. Auch die zentralen GILDEMEISTER Unternehmenswerte Innovation, Kundennähe, Dynamik und Globalität fügen sich nahtlos in das Key-Wording „Kunden, Märkte, Performance" ein und werden dadurch spannend kommuniziert.

Sachliche Information und Markenimage ergeben ein aussagekräftiges Ganzes. Ganz besonderer Wert wurde auf die Lesefreundlichkeit und das Handling des Geschäftsberichtes gelegt. Klare Rubrizierungen, übersichtliche Grafiken und Tabellen, sowie eine durchdachte Typografie für unterschiedliche Inhaltsebenen garantieren optimale Lesbarkeit. Für die spannende „Verpackung" des Geschäftberichts sorgt ein hochwertig verarbeitetes Cover. Das abgebildete Werkstück wird durch mehrere Prägungen zum dreidimensionalen haptischen Erlebnis. – Hightech und Performance zum Fühlen.

DIPLOM
Buchbinderische Verarbeitung

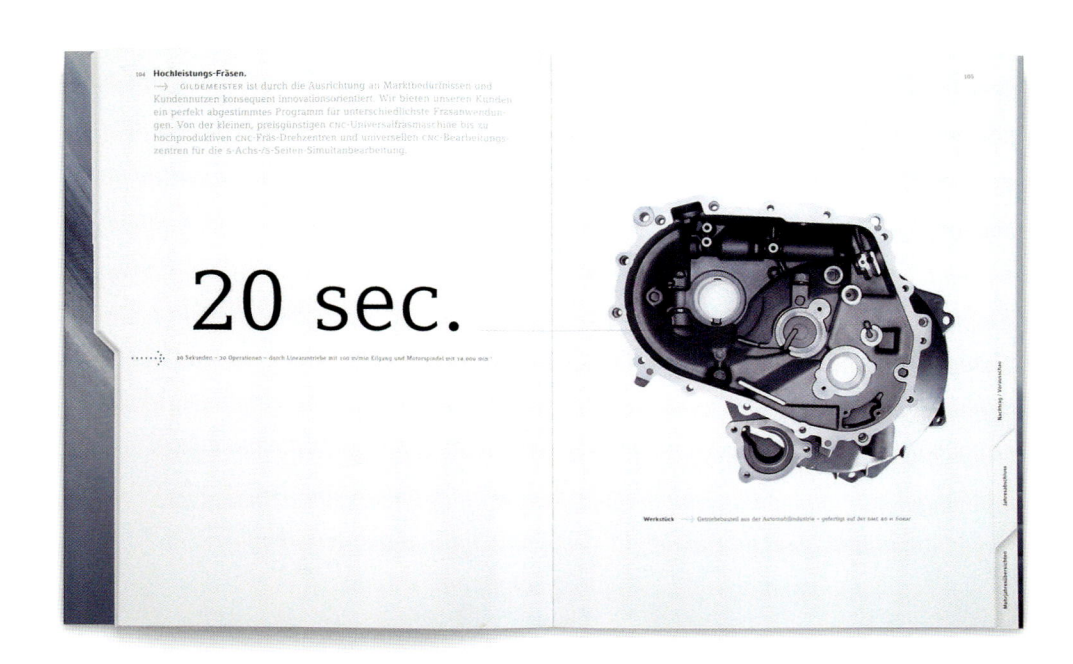

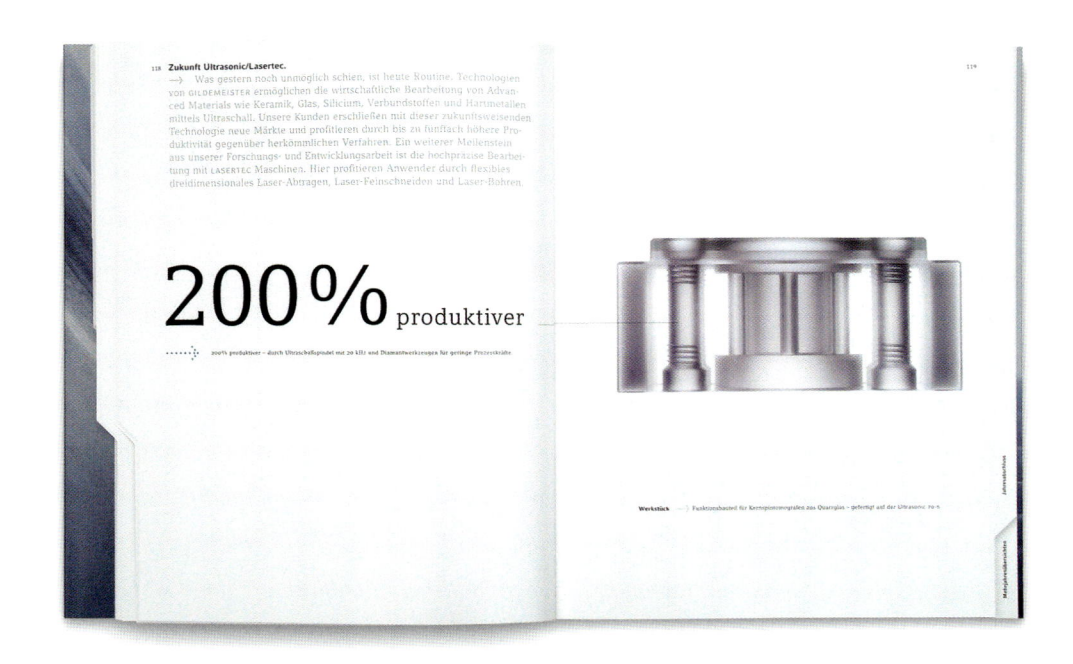

AUFTRAGGEBER
GILDEMEISTER AG

VERANTWORTLICH
Presse- und Öffentlichkeitsarbeit:
Tanja Figge

AGENTUR
Montfort Werbung

VERANTWORTLICH
CD: Bernd Schuler
AD: Connie Kaufmann
Fotografie/Illustration: Kuhnle und Knödler
Text: Montfort Werbung/GILDEMEISTER AG
Kundenberatung/Kontakt: Bernd Schuler
Produktion/Satz: Conny Vigl, Connie Kaufmann
Grafik/Lithografie: Connie Kaufmann,
Denis Vellacher, Michi Fontain
Druck/Weiterverarbeitung:
Graphische Betriebe Eberl

JURYBEGRÜNDUNG
Der Geschäftsbericht weist – beispielsweise im Vergleich zum Geschäftsbericht der Heidelberger Druckmaschinen AG – nicht so viele aufwändige Techniken auf; was aber realisiert wurde, ist in allen Teilen sehr stimmig.

Insbesondere die überstehenden Kanten und die 110 Grad Winkelstanzung sowie das gesamte Erscheinungsbild der Broschüre gehört zum Besten, was im Rahmen der 37. Berliner Type eingereicht wurde.

| **B2B** Geschäftsbericht

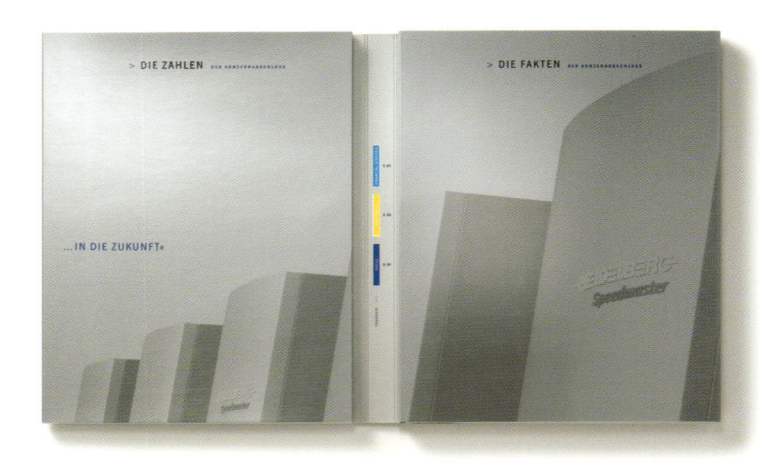

156 | 157

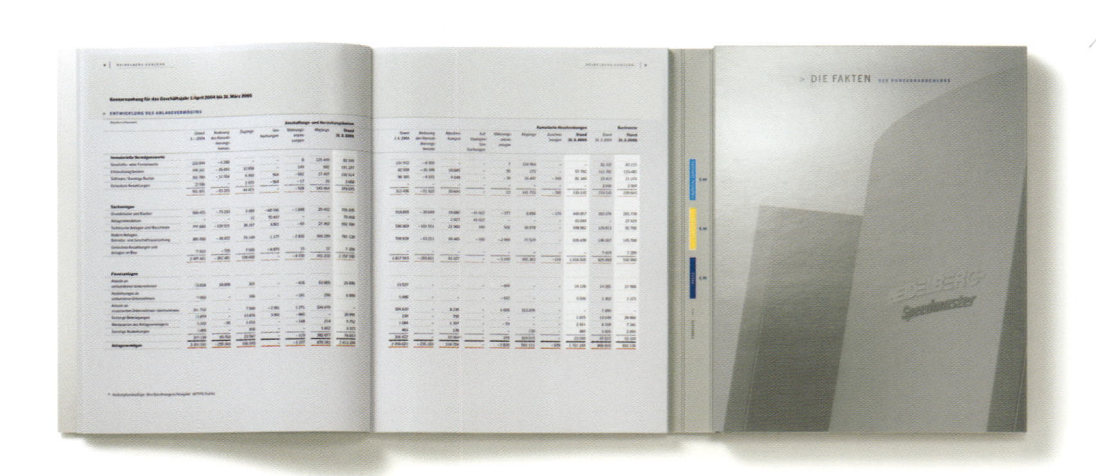

TITEL EINREICHUNG
Geschäftsbericht 2004/2005 der
Heidelberger Druckmaschinen
Aktiengesellschaft

ZIELGRUPPE
Investoren, Kunden, Mitarbeiter

KOMMUNIKATIONSZIEL
Unser Geschäftsbericht ist zum einen ein gesetzeskonformer Rechenschaftsbericht. Hauptsächlich soll er aber den verschiedenen Zielgruppen vermitteln, wer wir sind und was wir tun. Er präsentiert Unternehmensbotschaften, besonders wichtig ist hierbei die Authentizität: Der Bericht muss zu uns passen, er ist unsere Visitenkarte.

AUFTRAGGEBER
Heidelberger Druckmaschinen AG,
Investor Relations

VERANTWORTLICH
Konzept, Beratung und Produktion:
Hans-Joachim Dietz, Kelkheim

DIPLOM
Buchbinderische Verarbeitung

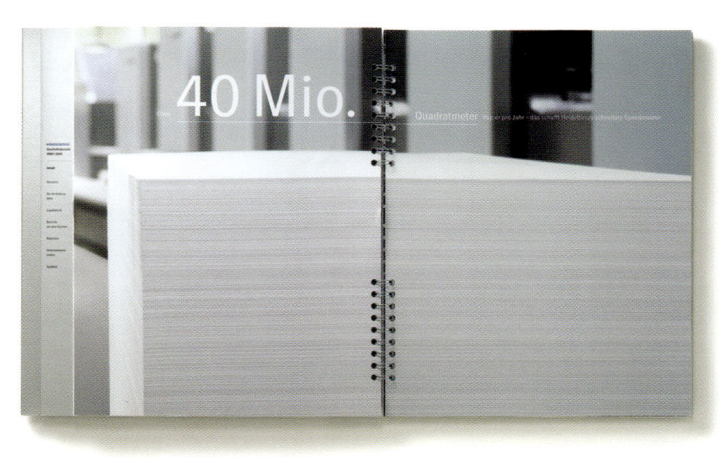

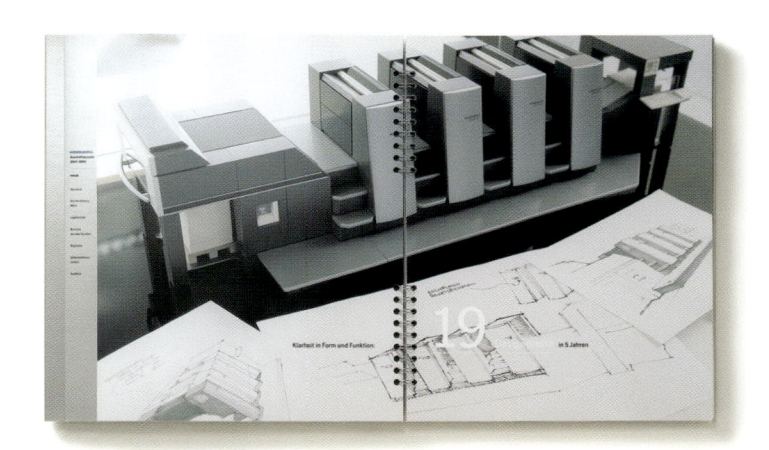

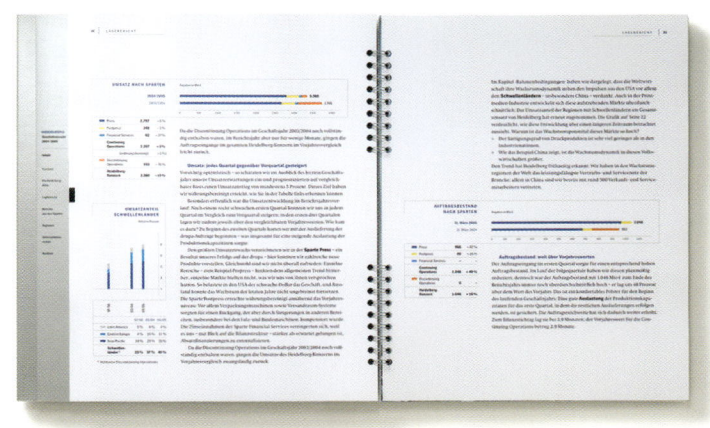

AGENTUR

Design-Konzept: Hilger & Boie GmbH,
Büro für Gestaltung, Wiesbaden

VERANTWORTLICH

CD: Matthias Boie, Clemens Hilger
AD: Dana Kula
Fotografie: Christof Herdt, Frankfurt,
Lossen Fotografie, Bernhard Eisnecker,
Heidelberg

DTP: New Media-AD GmbH & Co. KG,
Messel bei Darmstadt
Lithografie: Koch Lichtsatz und Scan GmbH,
Wiesbaden
Druck: Color-Druck, Leimen
ethabind-Umschlag: Thalhofer, Schönaich

JURYBEGRÜNDUNG

Der Geschäftsbericht ist sehr sauber und aufwändig gearbeitet. Er zeigt viele der Möglichkeiten auf, die es im Bereich der Weiterverarbeitungstechniken von Broschüren gibt: Hier sind Klebebindung, Wire-o-Bindung, Ausklapper und Mehrteiliger Umschlag realisiert. Eine schwierige, weitestgehend fehlerfreie Arbeit mit hohen Anforderungen an die Technik und das Können aller Beteiligten.

Adresseinträge

160 Spezialisten/Lösungsanbieter
Kompetente Partner für Kunden- und Mitarbeiterpublikationen

163 Inserentenverzeichnis

164 Register

BERLINER TYPE 2006

Anhang

Spezialisten/ Lösungsanbieter

Kompetente Partner für Kunden- und Mitarbeiterpublikationen

3st kommunikation GmbH
Hindenburgstr. 32
D-55118 Mainz
Tel.: +49 (0)6131/9 64 43-0
Fax: +49 (0)6131/9 64 43-33
Internet: www.3st.de

ABW
Agentur für Kommunikation GmbH
Ohmstr. 15
D-80802 München
Tel.: +49 (0)89/2 16 39-0
Fax: +49 (0)89/2 16 39-590
Ansprechpartner: Klaus Ehrl, Gerald Kottmann
Internet: www.abw.de

Basse & Lechner GmbH
Content & Creation
Adalbertstraße 15
D-80799 München
Tel.: +49 (0)89/54 72 69-0
Fax: +49 (0)89/54 72 69-22
E-Mail: info@basseundlechner.de
Internet: www.basseundlechner.de

Brandl & Schärer AG
Corporate Publishing, Communication, Photography
Solothurnerstr. 121, Postfach
CH-4601 Olten
Tel.: +41 (0)62/2 05 90-40
Fax: +41 (0)62/2 05 90-45
E-Mail: info@brandl.ch
Internet: www.brandl.ch

BurdaYukom Publishing GmbH
Konrad-Zuse-Platz 11
D-81829 München
Tel.: +49 (0)89/3 06 20-0
Fax: +49 (0)89/3 06 20-100
Ansprechpartnerin: Stephanie Feih
E-Mail: stephanie.feih@burdayukom.de
Internet: www.burdayukom.de

C&G: Strategische Kommunikation
Olper Str. 10–12
D-51491 Overath
Tel.: +49 (0)2204/97 56-0
Fax: +49 (0)2204/97 56-11
E-Mail: info@c-g-gmbh.de
Internet: www.c-g-gmbh.de

Energie Kommunikation Services GmbH
Josef-Wirmer-Str. 3
D-53123 Bonn
Tel.: +49 (0)228/2 89 30-0
Fax: +49 (0)228/2 89 30-79
E-Mail: bonn@eks-agentur.de
Internet: www.eks-agentur.de

ergo Unternehmenskommunikation GmbH & Co. KG
Venloer Str. 241–245
D-50823 Köln
Tel.: +49 (0)221/91 28 87-0
Fax: +49 (0)221/91 28 87-77
Ansprechpartner: Hans Ulrich Helzer
E-Mail: ergo@ergo-pr.de
Internet: www.ergo-pr.de

ADRESSEN

G+J Corporate Media GmbH
Friesenweg 2 a–c
D-22763 Hamburg
Tel.: +49 (0)40/8 83 03-406
Fax: +49 (0)40/8 83 03-496
Ansprechpartnerin: Astrid Weidemann
Internet: www.guj-corporate-media.de

HOFFMANN UND CAMPE VERLAG GmbH
Corporate Publishing
Harvestehuder Weg 42
D-20149 Hamburg
Tel.: +49 (0)40/4 41 88-251
E-Mail: cp@hoca.de
Internet: www.hoca-cp.de

Insignio GmbH
Corporate Publishing
Ludwig-Erhard-Str. 14
D-34131 Kassel
Tel.: +49 (0)561/3 16 66-30
Fax: +49 (0)561/3 16 66-320
E-Mail: info@insignio.de
Internet: www.insignio.de, www.insignio-crm.de

JDB MEDIA GmbH
Agentur für journalistisches Marketing, CP und PR
Schanzenstr. 70
D-20357 Hamburg
Tel.: +49 (0)40/46 88 32-20
E-Mail: hawerkamp@jdb.de
Internet: www.jdb.de

KircherBurkhardt
Editorial & Corporate Communication GmbH
Oranienburger Str. 66
D-10117 Berlin
Tel.: +49 (0)30/4 40 32-0
Fax: +49 (0)30/4 40 32-20
E-Mail: info@kircher-burkhardt.com
Internet: www.kircher-burkhardt.com

KOOB
Agentur für Public Relations
Solingerstr. 13
D-45481 Mülheim an der Ruhr
Tel.: +49 (0)208/46 96-0
Fax: +49 (0)208/46 96-100
E-Mail: markus.umbach@koob-pr.com
Internet: www.koob-pr.com

Letterlink GmbH
Hirschgartenallee 28
D-80639 München
Tel.: +49 (0)89/17 87 69 89-1
Fax: +49 (0)89/17 87 69 89-4
Ansprechpartner: Antonio De Mitri
E-Mail: antonio.demitri@letterlink.de
Internet: www.letterlink.de

Magazine Factory
Geibelstr. 54
D-22303 Hamburg
Tel.: +49 (0)40/27 80 00 95
Fax: +49 (0)40/27 80 00 96
Ansprechpartner: Dietmar Suchalla
E-Mail: suchalla@magazinefactory.de
Internet: www.magazinefactory.de

Medianovis AG
Konzeption und Realisation von
Unternehmensmedien
Alte Landstr. 55
CH-8802 Kilchberg-Zürich
Tel.: +41 (0)44/7 16 55-16
Fax: +41 (0)44/7 16 55-00
Ansprechpartnerin: Ute Grossenbacher-Radicke
E-Mail: ute.grosssenbacher@medianovis.com
Internet: www.medianovis.com

medienfabrik Gütersloh GmbH
Carl-Bertelsmann-Str. 33
D-33311 Gütersloh
Tel.: +49 (0)5241/2 34 80-0
Fax: +49 (0)5241/2 34 80-60
Internet: www.medienfabrik.de

muehlhaus & moers kommunikation gmbh
Moltkestr. 123–131
D-50674 Köln
Tel.: +49 (0)221/95 15 33-0
Ansprechpartnerin: Beate Schwarz
Internet: www.muehlhausmoers.de

PG The Corporate Publishing Group GmbH (CPG)
Qualität zum Bestpreis – Ihr Partner für
gedruckte Unternehmenskommunikation
Strozzigasse 10/EG
A-1080 Wien
Tel.: +43 (0)1/4 05 46 40-0
Fax: +43 (0)1/4 05 46 40-700
E-Mail: cpg@cpg.at
Internet: www.cpg.at

plan p. GmbH
corporate publishing
Schulterblatt 58c
D-20357 Hamburg
Tel.: +49 (0)40/41 32 50-0
Fax: +49 (0)40/41 32 50-33
E-Mail: info@plan-p.de
Internet: www.plan-p.de

pr+co. gmbh (FCP)
Kommunikationsmanufaktur
Fuchseckstr. 7
D-70188 Stuttgart
Tel.: +49 (0)711/39 63-533
Fax: +49 (0)711/39 63-510
E-Mail: hiller@prco.de
Internet: www.prco.de

PRH Hamburg Kommunikation GmbH
Valentinskamp 24
D-20354 Hamburg
Tel.: +49 (0)40/36 96 76-0
Fax: +49 (0)40/36 96 76-49
Ansprechpartner: Frank Ohlsen
E-Mail: PRH@prhamburg.com
Internet: www.prhamburg.com

Profilwerkstatt GmbH
Corporate Publishing. Public Relations.
Direct Marketing
Rheinstraße 99.3
D-64295 Darmstadt
Tel.: +49 (0)6151/5 99 02-0
Ansprechpartnerin: Martina Keller
Internet: www.profilwerkstatt.de

schmitz-komm.de Medien GmbH
Eppendorfer Weg 213
D-20253 Hamburg
Tel.: +49 (0)40/42 31 30-0
Fax: +49 (0)40/42 31 30-31
Ansprechpartner: Thomas Schmitz
E-Mail: t.schmitz@schmitz-komm.de
Internet: www.schmitz-komm.de

Sequoia Media GmbH
Publishing and Communication
Schanzenstr. 21 a
D-51063 Köln
Tel.: +49 (0)221/97 77 09-0
Fax: +49 (0)221/97 77 09-29
Ansprechpartnerin: Christine Plößer
E-Mail: cp@sequoia-media.com
Internet: www.sequoia-media.com

SIGNUM communication Werbeagentur GmbH
Lange Rötterstr. 11
D-68167 Mannheim
Tel.: +49 (0)621/3 39 74-0
Fax: +49 (0)621/3 39 74-20
Internet: www.signum-web.de

Springer Transport Media GmbH
drivemedia Agentur der Verlage Auto Business
Verlag, GWV Fachverlage und Verlag Heinrich Vogel
Neumarkter Str. 18
D-81673 München
Tel.: +49 (0)89/43 72-2386
Fax: +49 (0)89/43 72-2477
Internet: www.drivemedia.de

ADRESSEN

united communications GmbH
Rotherstr. 19
D-10245 Berlin
Tel.: +49 (0)30/78 90 76-0
Fax: +49 (0)30/78 90 76-99
Ansprechpartner: Manfred Großert
Internet: www.united.de

VVA Kommunikation GmbH
Theodor-Althoff-Str. 39
D-45133 Essen
Tel.: +49 (0)201/8 71 26-0
Fax: +49 (0)201/8 71 26-10
Ansprechpartner: Dr. Christian Jürgens
Internet: www.vva.de

**wdv Gesellschaft für Medien
& Kommunikation mbH & Co. OHG**
Siemensstr. 6
D-61352 Bad Homburg
Tel.: +49 (0)6172/6 70-0
E-Mail: info@wdv.de
Internet: www.wdv.de

Alle vorgenannten Unternehmen sind Mitglieder des Forums Corporate Publishing e.V.

Die Inserenten

Anzeigen

Akademie des Deutschen Buchhandels gGmbH
Salvatorplatz 1
D-80333 München
Tel.: +49 (0)89/29 19 53-0
Fax: +49 (0)89/29 19 53-69
E-Mail: info@buchakademie.de
Internet: www.buchakademie.de

Deutscher Drucker Verlagsges. mbH & Co. KG
Deutsche Drucker, Publishing Praxis, Page, versio!
Riedstr. 25
D-73760 Ostfildern
Tel.: +49 (0)711/4 48 17-0
Fax: +49 (0)711/4 4 20 99
E-Mail: info@publish.de
Internet: www.publish.de

Deutsche Post – Zentrale
Produktmanagement Presse Distribution
Abt: 118/ Presse Distribution
D-53250 Bonn
Internet: www.deutschepost.de/pressedistribution

medienfabrik Gütersloh GmbH
Carl-Bertelsmann-Straße 33
D-33332 Gütersloh
Tel.: +49 (0)5241/2 34 80-0
Fax: +49 (0)5241/2 34 80-22; ISDN: -64
Internet: www.medienfabrik.de

Sparkasse KölnBonn
Unternehmenskommunikation
Hahnenstr. 57
D-50667 Köln
Tel.: +49 (0)221/2 26-1
E-Mail: info@sparkasse-koelnbonn.de
Internet: www.sparkasse-koelnbonn.de

Teilbeilage

HKS Warenzeichenverband e.V.
(Hostmann-Steinberg, K+E Druckfarben
der Flint Group, Schmincke)
Sieglestr. 25
D-70469 Stuttgart-Feuerbach
Tel.: +49 (0)711/98 16-608
Fax: +49 (0)711/98 16-341
Internet: www.hks-farben.de

Auftraggeber

100 DAYS 100, 130
3Z Informationsgrafik und Architektur
 s. Agenturen
ADC Verlag GmbH 100, 122
Arctic Paper Deutschland GmbH 101, 144
Bayerische Motoren Werke AG
 98, 100, 112, 128
BMW AG s. Bayerische Motoren Werke
Burgtheater GmbH 84, 89
Cicero. Werkstudio für Schriftgestaltung
 64, 68
Claus Koch™ s. Agenturen
DaimlerChrysler AG 100, 133
design hoch drei GmbH & Co. KG
 s. Agenturen
Designafairs, GmbH 70, 72
DMS Direct Mail Service GmbH 84, 86, 87
Evangelische Stiftung Alsterdorf 2
GfK AG 100, 127
GILDEMEISTER AG 101, 152 ff.
Greenpeace Media GmbH 2, 84, 96
Hansgrohe AG 2, 98, 105
Heidelberger Druckmaschinen AG,
 Investor Relations 101, 156
INSTANT Corporate Culture 70, 74
Jan Kath GmbH 101, 140
JOKER, Jürgen Bernlöhr GmbH 101, 147
Josephine Prokop – Corporate Branding
 s. Agenturen
KMS Team GmbH s. Agenturen
KOCHAN & PARTNER GmbH s. Agenturen
Mercedes-AMG GmbH 2, 98, 116
MINI Brand Management 84, 95
New Cat Orange s. Agenturen
Papierfabrik Scheufelen GmbH + Co. KG
 2, 60, 70, 77, 79
Porsche Lizenz- und Handelsgesell-
 schaft mbH & Co. KG 2, 101, 149, 151
Sächsische Aufbaubank – Förderbank –
 100, 124
Sal. Oppenheim jr. & Cie. KGaA 2, 70, 82
schlott gruppe AG 84, 93
Staatliche Porzellan-Manufaktur
 Meissen GmbH 2, 100, 120
Ströer Out-of-Home Media AG 100, 134
ThyssenKrupp AG 64, 67, 98, 103
ThyssenKrupp Elevator AG 98, 114
ThyssenKrupp Stainless AG 64, 67
ThyssenKrupp Steel AG 64, 67
Verlag Hermann Schmidt
 Mainz GmbH & Co. KG 70, 81, 100
Vorstand der evangelischen Stiftung
 Alsterdorf 84, 90

Agenturen

3Z Informationsgrafik und Architektur
 51 ff., 100, 139
BBDO Stuttgart GmbH 51 ff., 64, 69
Büro Hamburg JK. PW. Gesellschaft für
 Kommunikationsdesign mbH 51 ff., 84, 96
büro uebele visuelle kommunikation
 51 ff., 84, 91
Claus Koch™ 2, 51 ff., 101, 142, 143
design hoch drei GmbH & Co. KG
 51 ff., 98, 108, 109
DIE CREW AG Werbeagentur 51 ff., 101, 147
Dorten Bauer 51 ff., 100, 131
häfelinger + wagner design gmbh
 51 ff., 56, 64, 67, 98, 103
Heye & Partner GmbH 51 ff., 56, 70, 75
Hilger & Boie GmbH, Büro für Gestaltung
 51 ff., 101, 157
HOFFMANN UND CAMPE Corporate
 Publishing 51 ff., 84, 95, 100, 129, 161
Josephine Prokop – Corporate Branding
 2, 51 ff., 98, 106, 107
klink, liedig werbeagentur gmbh
 51 ff., 98, 113
KMS Team GmbH 51 ff., 98, 110, 111
KOCHAN & PARTNER GmbH
 51 ff., 56, 70, 73, 100, 136, 137
KW43 BRANDDESIGN 51 ff., 101, 149, 151
Montfort Werbung 51 ff., 101, 152 ff.
New Cat Orange 51 ff., 84, 87, 100, 119
Oktober Kommunikationsdesign GmbH
 51 ff., 101, 141
RTS Rieger Team Werbeagentur GmbH
 51 ff., 98, 115
Scheufele Kommunikationsagentur GmbH
 51 ff., 100, 127
Scholz & Friends Berlin GmbH 51 ff., 100, 121
section.d design.communication gmbh
 51 ff., 84, 89
SHANGHAI DGM Werbe-
 agentur GmbH & Co. KG 51 ff., 98, 117
SIGN Kommunikation GmbH 51 ff., 101, 145
Simon & Goetz Design GmbH & Co. KG
 51 ff., 70, 83
Springer & Jacoby Werbe-
 agentur GmbH & Co. KG 51 ff., 100, 133
Strichpunkt GmbH
 51 ff., 60, 63, 70, 77, 79, 81, 84, 93, 100, 123
vonbremen, Kommunikationsdesign
 51 ff., 100, 134
Werbung etc. Werbeagentur AG 51 ff., 98, 105
Wild – Agentur für Kommunikation
 51 ff., 100, 125

REGISTER

Namen

3st kommunikation GmbH 160
607er Druckvorlagen GmbH 127
ABW Agentur für Kommunikation GmbH 160
Akademie des Deutschen Buchhandels 37, 163
Allen, Anja 133
Amir, Nilab 134
Amos, Manfred 105
appel Grafik 121
Arbeitskreis Prägefoliendruck e. V. 6, 14 ff.
Armin Brosch Fotografie 2, 79
Asbrand, Silke 127
Aulke, Gaylord 130
AwardsUnlimited 2, 50
B.O.S.S Druck und Medien GmbH 2, 56
Bamberger Kaliko GmbH 6, 14 ff.
Basse & Lechner GmbH 160
Bauer, Jörg 69
Bauer, Jörg 131
Baumbach, Rolf 90
Baur, Christina 111
Becker, Cordula 87, 119
Becker, HP 87, 119
Beich, Kati 117
Beigel, Joachim 56
Berghoff-Flüel, Ingo 83
BerlinPostproduction 121
Berner, Marcus 105
Bernlöhr, Jürgen 147
Bingel, Odo-Ekke 2, 50
Boie, Matthias 157
Böninger, Christoph 72
Brandl & Schärer AG 160
Brandstätter, Petra 113
Braun, Dieter 2
Buchbinderei Burkhardt AG 6, 14 ff.
Buchner, Otward 75
Bundesverband Druck und Medien (bvdm) e.V. 6, 8 ff.
BurdaYukom Publishing GmbH 160
Burkhardt, Hans 6, 14 ff.
Burkhardt, Rainer 6, 38 ff.
Busse, Alexandra 91
C&G: Strategische Kommunikation 160
Change Communication GmbH 56
Chou, Grace 111
Color Druck Leimen 56, 157
Cremer, Michael 6, 34 ff., 56
CSC Cologne Science Center 35
Daniels, Winfried 86
Daul, Christian 56
Deisenhofer, Stephan 121
Denninghoff, Frank 6, 14 ff.
Deutsche Post AG 6, 33, 38 ff., 163

Deutsche Post AG – Pressedistribution 6, 33, 38 ff., 163
Deutscher Drucker Verlagsgesellschaft mbH 21, 163
Dietz, Hans-Joachim 156
Dietz, Kirsten 63, 77, 79, 81, 93, 123
DIV Vogl GmbH 56
DM-SERVICE Mahncke & Pollmeier GmbH & Co. KG 83
Dorn, Dietmar 6, 14 ff.
Druckerei Holzhausen 89
Druckerei Imbescheidt 119
Druckhaus Becker 87
Druckhaus Ley & Wiegandt 107
Ege, Florian 75
Eickhoff, Hajo 73
Eisnecker, Bernhard 157
Energie Kommunikation Services GmbH 160
Engelen, Franz 56
Engelhardt & Bauer 77
ergo Unternehmenskommunikation GmbH & Co. KG 160
Feicht, Thomas 74, 75
Fernandes, Mark 111
Figge, Tanja 152 ff.
Fischbach, Melanie 121
Fleger, Jochen 124
Fontain, Michi 152 ff.
Forberger, Andreas 75
Freilinger, Johann 56
Freitag, Andreas 121
G+J Corporate Media GmbH 161
Galerie der Schlumper 2
Gamper, Mario 121
Gassner, Annette 96
Gielisch, Ulrich 115
Gigl, Sabine 128
Glanz, Irmgard 62, 77, 79
Gnaiger, Susan 143
Gräf, Annette 125
Gräfe Druck & Veredelung 2, 6, 14 ff.
Gräfe, Andrea 113
Grafisches Zentrum Drucktechnik 63
Granser, Peter 77
Graphische Betriebe Eberl 152 ff.
Graphischer Betrieb Rehling GmbH 56
Hackethal, Lothar 75
Häfelinger, Annette 67, 103
Hartwig, Attila 121
Häubl, Ulrike 95
Heinecker, Jenny 103
Henneka, Dietmar 75
Henschel, Antonia 145

Herdt, Christof 157
Herold, Marc 75
Herold, Norbert 56, 75
Herwig, Norbert 134
Hilger, Clemens 157
Hiller, Norbert 93
Hirrlinger, Peter 75
HKS Warenzeichenverband 163
Hofmann Druck 75
Horn, Carsten 75
Hörner, Susanne 63, 81, 123
Hornischer, Annette 127
Huber, Joachim 105
Hugo, Grafische Formgebung 2
Hummel, Hendrik 116
Iden, Karl-Ulrich 2
Immisch, Gunnar 75
Insignio GmbH 161
Irmen, Rainer 124
Jager, Anje 121
Janetzky, Sylke 143
Jasensky, Robert 89
JDB MEDIA GmbH 161
Jindra, Christine 147
Jochum, Armin 69
Johler Druck GmbH 96
Jörg, Holger 149
Jung, Roger 56
Jungkunz, Holger 81
Kaffer, Jürgen 96
Kahane, Kitty 56
Kasper, Ralf 113
Kastner&Callwey Fullservice Druckerei 113
Kath, Jan 140
Kaufmann, Connie 152 ff.
Keesman, Angela 111
Keller, Michael 110
Kießling, Martin 75
KircherBurkhardt GmbH 6, 38 ff., 161
Kirchner Print.Media 6, 14 ff.
Klinkenborg, Helmut 144
Klos, Arndt 151
Knahn, Katja 73, 137
Knapp, Sabine 105
Knobloch, Rüdiger 141
Koch Lichtsatz und Scan GmbH 157
Koch, Claus 142, 143
Kochan, Boris 56, 73, 136, 137
Kohnle, Jeannette 63, 77, 79, 93
Kolitsch, Wolfgang 120
König, Markus 56
KOOB 161
Koschembar-Wend, Rahel 119

Kraft, Wolfgang F. 90
Kratisch, Jörg 75
Krönfeld, Marco 129
Krüger, Anikò 121
Kuhnle und Knödler 152 ff.
Kula, Dana 157
Lammers, Jörg 134
Laube, Birgit 2, 4, 56
Leesch, Kerstin 96
Letterlink GmbH 161
Liedig, Dieter 113
Linke, Dirk 129
Löhmann, Silke 141
Lossen Fotografie 157
Lücke, Richard 6, 38 ff.
Luzzi, Christina 139
Magazine Factory 161
Maier, Uli 105
Maierhofer, Knut 110, 111
Maksimovic & Partners 56, 57
Maksimovic, Ivica 56, 57
Malamas, Pascal 117
Malkmus, Günter 83
Marquardsen, Anika 77
Mayer, Jörg 121
Mayrhofer-Mik, Gabriele 129
Mediahaus Biering GmbH 127
Medianovis AG 161
medienfabrik Gütersloh GmbH 41, 161, 163
Medienservice Peter Reichard 127
Meiré, Meike 95
Meneses von Arnim, Adriana 121
Minsch, Hubert 23
Moers, Hans-Jürgen 56
Motwurf, Ono 75
muehlhaus & moers kommunikation gmbh 56, 162
Mueller, Frank 143
Mülder, Anne-Katrin 83
Müller, Marcus 134
Müller, Michaela 115
Müller, Ulrich 137
Navarro y Gomes, Francisco 115
Nerger Mao 121
New Media-AD GmbH & Co. KG 157
Oberriedmüller, Richy 89
Ohlsen, Frank 6, 38 ff.
Okusluk, Jan 75
ORT Studios GmbH 113
Paeschke, Jens 113
Panitz, Igor 105
Peisert, Katrin 83
PG The Corporate Publishing Group GmbH 162

Pietsch, Stefan 95
plan p. GmbH 162
Plan u. Druck GbR 134
poby photography 87, 119
Poby, Peter 87, 119
Pohland, Gerd 124
pr+co. gmbh 93, 162
PRH Hamburg Kommunikation GmbH 6, 38 ff., 162
Profilwerkstatt GmbH 162
Prokop, Josephine 106, 107
Pross, Martin 121
Pupillo, Rosa 109
Püttmann, Raphael 121
Rädeker, Jochen 63, 77, 79, 81, 93, 123
RAG Aktiengesellschaft 56
Rauscher, Andreas 69
Refeka Werbemittel GmbH 113
Rehling, Bernd 56
Reichle, Christoph 133
Rell, Andreas 69
Remmling, Mathias 75
Rent a Wend 119
Rewald, Michael 149, 151
Rezegh, Klaus 89
Ripper, Peter 127
Rogge, Heiner 117
Rohrer, Christoph 110, 111
Rosenow, Bettina 96
Rothmeyer, Hans 86
Rumpf, Sven 133
Sabautzki, Willy 112
sachsendruck GmbH 93
Sandkühler, Matthias 147
Sanjosé, Axel 111
Sanofi-Aventis Deutschland GmbH 56
SAP AG 56
Sappi Deutschland GmbH 6, 14 ff.
Sauer, Andreas 105
Schäfer, Konstanze 89
Schäffer, Wolfram 108, 109
Schär, Markus 6, 14 ff.
Scharenberg, Wolfram 90
Schecker Gitta 74
Schif, Wolfgang 68, 69
Schildt, Jochen 96
Schlamp, Armin 110
Schmidke, Viola 95
Schmidt-Friderichs, Karin 81
schmitz-komm.de Medien GmbH 162
Schnabel, Michael 123
Schneider, Erwin 67
Schneider, Iris 83

Scholten, Barbara 67, 103
Schöneberg, Ulrike 127
Schotte GmbH & Co. KG 83
Schronen, Susann 122
Schubert, Niels 77, 81, 93
Schuler, Bernd 152 ff.
Schulz, Martin 56
Schulze, Michael 121
Schumacher, Frank 56
Schwarm, Christian 131
Sequoia Media GmbH 162
SIGNUM communication Werbeagentur GmbH 162
Skoluda, Anna Clea 129
Sobota, Alexandra 149, 151
Soffritti, Monica 114
Sparkasse KölnBonn 6, 25, 34 ff., 56
Sparkassenstiftung 35
Spilker, Michael 117
Sprenger, Ralph 147
Springer Transport Media GmbH 162
Steeb, Uwe 109
Stein, Franz 6, 14 ff.
Steinebrunner, Kurt 67
Stertzig, Alexander 109
Stöckigt, Jörg 75
Strugalla, Ethel 134
Summ, Martin 73
Sunderdiek, Nicola 127
Sundermann, Christian 6, 14 ff.
Switala, Kerstin 82
Tabert, Margit 149, 151
Teleu, Waltraud 142
Teunen, Jan 73
Thalhofer 157
Thomas, Christopher 129
Thomas, Günter 6, 14 ff.
THOMAS-GRUPPE 6, 14 ff.
Trurnit, Verena 115
Uebele, Andreas 91
Ullmann, Dieter 6, 8 ff.
united communications GmbH 163
Universitätsdruckerei H. Schmidt 123
Urbauer, Anne 95
Varus Verlag 2, 17, 56
Vellacher, Denis 152 ff.
Vigl, Conny 152 ff.
Vogl, Franz-Rudolf 56
Vollmöller, Bernd 83
Volpp Druckproduktion 105
von Alvensleben, Christian 105
von Bremen, Anke 134
von Büren, Thilo 75

REGISTER

von Simson, Susanna 143
VVA Kommunikation GmbH 163
W. & Co. Mediaservices
 Hamburg GmbH + Co. KG 96
W. Gassmann AG 6, 14 ff.
Wachter GmbH 79
Wacker, Susanne 108, 109
Wagner, Frank 56
Walz, Marco 93
wdv Gesellschaft für Medien &
 Kommunikation mbH & Co. OHG 163
Weber, Stefan 124
Weidemeyer, Kerstin 67
Werner, Gabriele 137
Wichmann, Marcus 109
Widmaier, Felix 63, 77, 81, 123
Wild, Gerhard 125
Wilhelm, Kurt 95
Winklbauer, Thomas 75
Wittmann, Mano 137
Woeste, Verena 6, 30 ff.
Wrage, Folker 119
WS-Team Verpackung und
 Werbung GmbH 109
Würth, Peter 95
Wurzer, Stephanie 147
Wynands, René 141
Young & Rubicam GmbH & Co. KG 56
Zastrau, Mirjam 149
Zehender, Stephanie 77, 79, 93
Zerelles, Bernd 129
Zingrebe, Tanja 83